AGILE COACH PROFESIONAL

EL CAMINO DE UN COACH HACIA LA AGILIDAD
EMPRESARIAL

MARTIN ALAIMO

MTN LABS LLC

ÍNDICE

Primera edición: febrero de 2019

Segunda edición: febrero de 2021

Edición y corrección de estilo: Alejandra Bello - www.mundo-bello.com

Ilustraciones interiores y diseño editorial: Martín Alaimo

A menudo sucede. Abres un libro y descubres que el autor lo ha dedicado a alguien más. No quiero que sea el caso.

Quiero invitarte a recorrer un camino juntos. A que conversemos, intercambiemos ideas, pensemos posibilidades y logremos crear juntos un mejor mundo empresarial.

Este libro se lo dedico a tu ser Agile Coach. Si él ya está allí, bienvenido sea. De lo contrario, busquémoslo juntos.

1

INTRODUCCIÓN

 Que las tiras cómicas de Dilbert se hayan convertido en íconos culturales dice mucho sobre el grado en que las organizaciones pueden transformar el trabajo en algo miserable y carente de sentido. - Frederic Laloux

Desde hace varios años, y cada vez con mayor intensidad, creo que la vida de las organizaciones tradicionales está llegando a su fin. Con quien sea que hable, desde el empleado más nuevo hasta el gerente con mayor experiencia, incluyendo al cliente más importante, percibo más desilusión que entusiasmo. Ante un escenario así, es de esperar que un movimiento como el de la Agilidad haya encontrado un terreno fértil para su desarrollo.

También, es posible encontrar organizaciones que pretenden adoptar un modelo ágil, como si se tratara simplemente de conectar un *pendrive*, sin considerar los cambios culturales necesarios que implican la transformación de los paradigmas históricos de una empresa en una nueva forma de entender el mundo del trabajo y de los negocios.

En estos casos, hace falta comprender que un contexto laboral apasionante, inspirador, innovador y disruptivo no se alcanza imitando las propuestas de la Agilidad en organizaciones tradicionales. Antes que eso, considero necesario atender dos cuestiones claves para cultivar el paradigma ágil:

- La obsolescencia de la figura del jefe tal como la conocemos.
- La necesidad de desarrollar un liderazgo ágil y servicial.

No más jefes

 Jefe: *Persona que manda sobre otras.*

- Diccionario de la Real Academia Española

Si no asumimos que el rol del jefe es funcional a paradigmas más tradicionales y que este rol resulta obsoleto en un ecosistema ágil, tarde o temprano, nos estaremos preguntando por qué nuestra organización no obtiene los beneficios propios de esta nueva forma de ver el mundo del trabajo.

Esto que acabo de afirmar puede sonar fuerte, radical y hasta pretencioso, pero es algo que he descubierto a lo largo de estos años de contacto con la agilidad empresarial y que considero uno de los aspectos fundamentales que me propongo recorrer en esta serie de libros.

En la cultura ágil las personas ya no están al servicio de un líder-jefe que les dice qué hacer y cómo hacerlo, y que les da un espacio de opinión pero sin posibilidad de voto.

En la Agilidad las personas se encuentran apoyadas y apalancadas por un líder-servicial que genera contextos para que cada uno de los equipos de trabajo encuentre su punto óptimo de autonomía responsable, crecimiento y consciencia dentro de su ecosistema de trabajo.

Líderes ágiles

Estoy convencido que el segundo factor más importante en toda cultura ágil es el comportamiento de los líderes de la organización.

Si una organización pretende ser ágil, necesita que todos sus líderes piensen y actúen de manera ágil. Ya sea en las reuniones, en el trato con los proveedores, en el tipo de reconocimiento hacia los demás, en la forma en la que planifican, etc. De otra forma, estarán transmitiendo un mensaje contradictorio.

De hecho, los **mecanismos primarios** a través de los cuales se determina la cultura de una organización se relacionan con el comportamiento de sus líderes (Schein, 2010), por ejemplo:

- Aquello a lo que prestan atención, miden y controlan de forma sistemática.
- Su reacción ante los incidentes críticos y las crisis en la organización.
- La asignación de recursos que hacen.
- La enseñanza y el coaching que ejercen.
- El diseño de las recompensas y el *status*.
- La forma en la que incorporan, seleccionan, promueven y excluyen a las personas.

Otros mecanismos funcionan como **factores secundarios** o de refuerzo, entre ellos:

- El diseño y la estructura organizacional.
- Los sistemas y procedimientos de la organización.
- Los rituales de la organización.
- El diseño del espacio físico: fachadas e interiores.
- Las historias sobre eventos y personas importantes.
- Las declaraciones formales de la filosofía de la organización, sus creencias (visión, misión, valores) y la constitución o los estatutos.

La cultura de una organización está determinada por la conducta de sus líderes.

3

Coaching ágil: una profesión

En el mundo empresarial se están produciendo profundos cambios, no sólo en la forma de hacer negocios, sino también en las formas de estructurar empresas, liderar equipos y gestionar el trabajo.

En sintonía con estos cambios, se ha ido consolidando un rol fundamental: el **coach ágil**, como facilitador, catalizador y agente del cambio. Este nuevo rol ha dado lugar a una profesión emergente.

En los últimos años, el coaching ágil ha ido tomando relevancia como disciplina y cada vez más profesionales se suman a ella. Han surgido referentes, teorías y propuestas varias que se ocupan de diferentes aspectos y áreas de desempeño.

Estas son sólo algunas de las personas que me han inspirado a través de su trabajo, nuestra colaboración, nuestras conversaciones o intercambio de ideas: Mike Cohn, Lyssa Adkins, Tobías Mayer, Olaf Lewitz, Juan Gabardini, Pablo Tortorella, Pete Behrens, Hiroshi Hiromoto, Roger Brown, Diana Larsen, Esther Derby; así como muchos otros que también han contribuido de manera significativa a este movimiento.

Cada vez que me involucro como coach ágil en una organización veo que suceden cosas maravillosas. No sólo en la empresa, sino también conmigo mismo como persona. Puedo decir que amo esta profesión y disfruto mucho haciendo lo que hago.

Pero no siempre todo es color de rosa. A lo largo de estos años he observado tres cuestiones que me llaman poderosamente la atención:

- Con frecuencia las personas que se inician en el mundo de la agilidad me preguntan cuáles creo yo que son los pasos a seguir a la hora de formarse como profesional.
- Suelo encontrar a profesionales del coaching ágil con quienes no comparto conceptos, habilidades, herramientas ni juicios a la hora de discutir casos, situaciones o, lo que para mí es más importante, a la hora de realizar coaching ágil en una organización.
- En los últimos años, sólo el 40% de los candidatos lograron

obtener la certificación a *Certified Enterprise Coaches* (*CECs*) de la *Scrum Alliance*[1] (Behrens, 2011).

Creo que la razón común a estas tres cuestiones es que aún falta un entendimiento profundo de las responsabilidades, las habilidades y la formación que requiere una persona para desempeñarse como coach ágil.

Hoy en día, tengo la impresión que cada nuevo coach ágil que nace, lo hace con su propia concepción de la profesión. Así es que hay entrenadores en metodologías ágiles, consultores, mentores, facilitadores, consejeros, evaluadores, gerentes de proyectos, todos roles que hacen las cosas de maneras muy diferentes, aunque todos se autodenominan *coaches ágiles*.

Debido a esta dispersión, me propuse trazar un posible camino para que un profesional en agilidad empresarial pueda incorporar los conocimientos y las habilidades que requiere el ejercicio de esta hermosa ocupación.

Agile Coaching Path

La siguiente es tan solo una propuesta, entre muchas otras posibles, de lo que se podría considerar el camino de un coach hacia la agilidad empresarial.

Mi propuesta es considerar esta profesión como una extensión del **coaching profesional** y un camino integrado por diferentes etapas.

Para trazar el camino que considero que un coach ágil puede recorrer, me baso en el *roadmap* propuesto por el Consorcio Internacional para la Agilidad (ICAgile)[2] que surge del aporte de variados referentes como Marsha Acker, Lyssa Adkins, Ahmed Sidky y Michael Spayd; y complemento este enfoque con apreciaciones personales.

A continuación presento el camino que propongo e invito a recorrer.

· · ·

1. Scrum Master

La gran mayoría de los profesionales que se inician en el mundo de la agilidad como modelo de trabajo, lo hacen a través del marco conocido como *Scrum*. El *Scrum Master* es quien fomenta un uso significativo de *Scrum* en el equipo.

Me gusta denominar a esta etapa como "estación cero" para destacar que este es el comienzo del camino para un coach ágil. La profesión va mucho más allá del conocimiento y la correcta aplicación de *Scrum*.

> *Ser Scrum Master*
> *es el comienzo*
> *del camino para*
> *un coach ágil.*

2. Facilitación de equipos ágiles

También hay muchos profesionales que ingresan a la agilidad por medio de otras metodologías, herramientas o marcos de trabajo. No es posible denominarlos *Scrum Masters* porque no están vinculados con *Scrum*. De todas formas, el facilitador de equipos ágiles ha desarrollado habilidades de facilitación, de apoyo para la toma de decisiones participativa, para la resolución de conflictos y para la auto-organización. Si este profesional partió de la estación cero, entonces se desempeña como *Scrum Master* y, aunque su rol siga llamándose *Scrum Master*, en esta instancia ha incorporado todas estas habilidades en su caja de herramientas.

El facilitador puede trabajar con uno o dos equipos ágiles en los cuales facilita actividades de toma de decisiones participativa y no es responsable de —o aún no ha desarrollado competencias necesarias para— llevar adelante iniciativas de transformación ágil.

> *El facilitador de*

equipos ágiles
no necesariamente ha desarrollado
competencias para acompañar la
transformación ágil.

3. Coaching de equipos ágiles

Un coach de equipos ágiles es un facilitador que ha alcanzado un nivel experto en Agilidad. Ha desarrollado habilidades más avanzadas de facilitación, de training y mentoring y, a la vez, sabe diferenciar claramente entre estas disciplinas.

Además de sus habilidades de facilitador, mentor y líder, ha desarrollado habilidades como coach profesional. En el caso que el marco predominante sea *Scrum*, posiblemente su rol siga identificándose con el nombre de *Scrum Master*, la diferencia es que ahora su foco se eleva al trabajo con múltiples equipos y se apoya en esta familia de disciplinas.

Un coach ágil brinda coaching y mentoring a otros *Scrum Master*s y facilitadores de equipos ágiles. Su foco está en la relación que existe entre diferentes equipos de un mismo departamento o área dentro de una organización y ha desarrollado suficiente experiencia como para iniciar la transformación de equipos hacia la agilidad.

Este nivel es un posible destino de carrera profesional para muchos coaches ágiles (Adkins, 2010). En las palabras del *Agile Coaching Institute*, "si contáramos con coaches ágiles más calificados, la Agilidad sería mucho más saludable"[3].

El foco del coach de equipos ágiles está en la relación que existe entre
diferentes equipos.

4. Coach ágil empresarial

En este nivel, el coach ágil ha incorporado habilidades sistémicas: es capaz de escuchar la conversación a nivel organizacional, de hacer coaching ejecutivo al equipo de liderazgo de la organización y de identificar diferentes culturas organizacionales. Conoce los patrones de gestión del cambio cultural y puede facilitar estrategias para trabajar la resistencia organizacional.

Un coach ágil empresarial trabaja con niveles más operativos y estratégicos: *Scrum Masters*, facilitadores, gerentes, ejecutivos y *c-levels*.

> *Un coach ágil empresarial es capaz de trabajar en cualquier nivel de una organización.*

En cualquiera de estas etapas, el profesional genera continuamente evidencia ante colegas y organizaciones, la cual hace que se lo considere competente como para abordar un determinado nivel.

Si bien realizar cursos y talleres genera un aporte significativo, no es suficiente para alcanzar un nivel experto. Para ello, será necesario que experimente, haga y comparta.

Mi propósito, una confesión

Gracias a una serie de conversaciones que tuve durante Ágiles 2014 en Orlando [mantenidas con: Gustavo Quiroz, Roger Brown, Lyssa Adkins, Luis Mulato, Hiroshi Hiromoto, Michael Sahota, Dhaval Panchal, Pete Behrensy y Claudia Sandoval], creo haber descubierto una nueva dimensión en mi propósito sobre la Agilidad.

Sigo creyendo que necesitamos organizaciones más humanas, trabajadores más felices y contextos de mayor innovación. Y también creo que necesitamos levantar la vara de las expectativas que tenemos sobre los coaches ágiles. Por lo tanto, a partir de ahora, me he propuesto involucrarme activamente para contribuir a que el coaching ágil se transforme en una profesión en sí misma y, de esta manera, haya más y mejores coaches ágiles.

En este sentido, en 2015 decidí dar inicio a esta serie de publicaciones que tratan sobre los diferentes aspectos que hacen a la profesión del coach ágil.

Este libro, centrado en el coach de equipos ágiles, es el segundo volumen de una colección que tratará los siguientes temas:

- Volumen 1: Facilitador de equipos ágiles
- Volumen 2: Agile coach profesional
- Volumen 3: Coach en agilidad empresarial
- Volumen 4: Coach de ejecutivos ágiles
- Volumen 5: Entrenador en Agilidad

Te invito a visitar el sitio web de *Agile Coaching Path*[4] y suscribirte a la lista de novedades para conocer las fechas de lanzamiento de las futuras publicaciones.

Contenidos del presente volumen

Este volumen de la colección se concentra en el rol del coach de equipos ágiles, entendido como una evolución en las competencias de un profesional que está haciendo el camino hacia el coaching en agilidad empresarial.

Está destinado específicamente a Scrum Masters o facilitadores de equipos ágiles que han alcanzado un nivel experto en la profesión del Desarrollo Ágil de Software. Estos profesionales han desarrollado habilidades avanzadas de facilitación, de training y mentoring de equipos ágiles y, a la vez, saben diferenciar claramente entre estas disciplinas y cuándo ponerlas en práctica.

Además de sus habilidades de facilitador, mentor y líder, están ahora buscando incorporar habilidades de coach profesional a su quehacer diario.

El libro está estructurado en tres partes, cada una de ellas integrada por capítulos. Estas partes ayudan a organizar y secuenciar las diferentes competencias que un facilitador de equipos ágiles o un *Scrum Master* debe desarrollar para robustecer su perfil como coach profesional.

Primera parte: La relación de coaching

Capítulo 2: Fundamentos

Se adentra en los fundamentos del coaching y en el rol del coach y presenta las responsabilidades que le corresponden ante sus clientes, sea un individuo o un equipo. También se destaca la importancia de la confianza como uno de los componentes fundamentales de la relación de coaching.

Al finalizar este capítulo conocerás los aspectos claves que hacen que un coach profesional sea confiable y respetado.

Capítulo 3: Presencia

Trata sobre otro componente troncal de la relación de coaching: la presencia y su influencia en la capacidad de escucha. También se detiene en los aspectos a prestar atención que acechan a la capacidad de estar presente en los entornos ágiles y cómo afrontarlos.

Concluido este capítulo sabrás cómo sostener conversaciones significativas con tus clientes y las personas que te rodean.

Capítulo 4: Escucha

Presenta el último componente troncal: la escucha.

A partir de conceptos y ejercicios, aprenderás cómo elevar la conciencia sobre diferentes niveles de escucha posibles y pondrás en práctica técnicas para desarrollar tu capacidad de escuchar y así, promover relaciones de valor.

Segunda parte: Las competencias de coaching individual

Capítulo 5: Lenguaje

Se centra en el lenguaje y profundiza en la influencia que los modelos mentales tienen en el observador y su definición del mundo que lo rodea.

Al finalizar este capítulo podrás identificar diferentes usos del lenguaje y expresiones que los miembros de equipo pueden tener, cómo eso puede condicionarlos y cómo tú puedes ayudarlos.

Capítulo 6: Interpretaciones

Se mete de lleno en el mundo de las interpretaciones.

Concluido este capítulo y sus prácticas, conocerás y habrás aplicado una técnica específica para acompañar a individuos y equipos a ser más conscientes de sus interpretaciones y, eventualmente, a rediseñar sus acciones.

Capítulo 7: Coordinación

Presenta conceptos y herramientas para maximizar la coordinación de acciones dentro de un equipo.

Al concluir este capítulo conocerás cómo realizar intervenciones de coaching que permitan a tus clientes despertar la responsabilidad y ahuyentar las justificaciones y la victimización.

Capítulo 8: Aprendizaje

Se centra en la importancia y los diferentes pasos en los procesos de aprendizaje.

Al concluir este capítulo podrás identificar patrones de auto-boicot de las personas y de los equipos ante una experiencia del aprendizaje.

Capítulo 9: Conversaciones

Trata sobre la relación que existe entre las personas y sus problemas.

Conocerás los aspectos que hay detrás de aquello que tus clientes llaman "problemas" y contarás con una perspectiva para indagar y accionar al respecto.

Capítulo 10: Emociones

Aquí se presentan las emociones y los estados de ánimo.

Luego de concluido este capítulo conocerás cómo facilitar eventos de equipo sin que las emociones sean un problema. Es más, podrás hacer que esos encuentros sean momentos reveladores desde el punto de vista emocional.

Capítulo 11: Empoderamiento

Se centra en el concepto de poder.

Al finalizar este capítulo conocerás los aspectos que generan empoderamiento en las personas y en los equipos de trabajo y podrás practicar técnicas para generar espacios de empoderamiento.

Capítulo 12: Preguntas Poderosas

Se dedica a ciertos elementos fundamentales de la práctica del coaching, que derivan de la noción del poder: las preguntas poderosas en la indagación.

Concluido este capítulo podrás identificar preguntas débiles y contarás con diferentes técnicas para transformarlas en preguntas poderosas.

Tercera parte: Las competencias de coaching de equipos ágiles

Capítulo 13: Equipos

Presenta una visión sobre lo que se considera un equipo real y sus características, profundiza en el coaching sistémico de equipos y se lo diferencia del coaching individual.

También se presenta un modelo de desarrollo de equipos y las diferentes formas de intervención de coaching según cada estadio en ese camino.

Al finalizar este capítulo podrás identificar y aprender a evitar algunos de los errores más comunes en el coaching de equipos.

Capítulo 14: Agilidad

Es una aproximación para aplicar aspectos de coaching de equipos en contextos ágiles.

Al finalizar este capítulo serás capaz de identificar y operar en la intersección del coaching de equipos y la agilidad, para ayudar a los equipos ágiles a desarrollar su capacidad de auto-organización y responsabilidad.

Capítulo 15: Aprendizaje del Agile Coach Profesional

Presenta un modelo de aprendizaje y una propuesta de autoevaluación para que revises tu práctica y el estadio de desarrollo en el que te encuentras en las competencias que, a mi entender, corresponden a un coach profesional de equipos ágiles.

Ahora sí, te invito a adentrarte de lleno en el mundo del coaching de equipos ágiles. ¡Vamos!

2

FUNDAMENTOS

En 2009 yo estaba muy disconforme con mi trabajo. Mis días tenían lugar en una oficina de muchos colores que, ante mi mirada, lucía principalmente gris. Tenía muchas ganas de irme, de emprender mi propio camino, pero había algo que me frenaba.

Meses antes había pasado por una serie de cirugías de las cuales aún me estaba recuperando. Vesícula, hígado y vías biliares habían estado involucradas. Tuve tres intervenciones en quince días. ¿La razón? Desde mi punto de vista, era la insatisfacción con mi carrera profesional que había estado desarrollando en los últimos años.

¡Qué paradoja! Mi carrera profesional me había llevado hasta ese punto en mi salud personal y, por esa misma razón, no podía cambiar mi lugar de trabajo, ya que, si lo hacía, quedaba desamparado y sin cobertura médica.

Una vez le conté esto a Alejandro, un compañero de trabajo. Y él me dijo: *Tengamos una conversación al respecto, ¿qué te parece? A las 6pm en el café de la esquina.*

Acepté. Nos encontramos a la hora acordada. Tuvimos una conversación de, aproximadamente, una hora. Yo salí de allí sumamente aliviado y empoderado. Al otro día hice unos trámites en la cobertura médica. A la semana envié mi telegrama de renuncia. Un mes más tarde estaba trabajando por mi propia cuenta.

Tiempo después me crucé con Alejandro y le conté todo esto.

— Qué bueno que aquella conversación te haya hecho tan bien, me dijo.

— ¡¡Sí!!, eso, ¿qué fue esa conversación que tuvimos?, le pregunté más que curioso.

— Coaching, me respondió.

Coaching

Desde el momento en que comiences a utilizar la palabra "coach" como descripción de tu profesión, es necesario que comprendas que tu trabajo consistirá en generar una relación con tus clientes — una persona, un equipo o una organización—, centrada en acompañar y promover el desarrollo de las habilidades necesarias para lograr sus deseos, objetivos, sueños.

Tu rol como coach es acompañar
a tus clientes en la obtención
de sus propios logros

El coaching es muy diferente a la consultoría.

Si eres el experto en agilidad, sabes las respuestas a las preguntas: puedes indicar cómo utilizar Scrum, cómo facilitar una retrospectiva, cómo generar un ambiente motivante para las personas. Responder esas preguntas, dar esas indicaciones, transmitir ese conocimiento no es coaching, es consultoría o consejería.

Un cambio de foco

Podríamos pensar en el coaching como un estado mental en el cual somos conscientes de que nuestra responsabilidad radica sobre el proceso y no sobre el contenido que nuestros clientes están buscando.

El coaching nunca se trata acerca del coach, sino acerca de las personas a quienes el coach está **acompañando**. Mientras más pienses en ellos y menos en lo que tu sabes, tendrás mayores posibilidades de transformarte en una oferta de valor para los otros.

Desde la perspectiva técnica, sabemos mucho de agilidad, de organización del trabajo, de relaciones de equipos. Todos esos conocimientos y aprendizajes van a gritar pidiendo ser transmitidos y dados a otros. Pero nuestro trabajo como coaches no es determinar lo que otros deben hacer, no es aconsejarlos (eso lo hacen los consultores). Nuestra responsabilidad radica en acompañar a personas y equipos a experimentar el aprendizaje y la motivación emergen cuando tienen sus propias ideas, cuando se dan cuenta de algo que para ellos es importante.

Tres competencias centrales

El poder del coaching radica en la habilidad del coach de mantener a las personas y los equipos enfocados, prestando atención a sus desafíos y su contexto, a desactivar su piloto automático, tomar distancia y analizar desde una nueva perspectiva cada una de esas situaciones.

Dado que el coach no es un consultor, no requiere ser un experto en el dominio de su intervención. Un coach efectivo ayuda a sus clientes a descubrirse y descubrir el cuento que se cuentan, a establecer objetivos, explorar opciones, determinar un curso de acción, obtener el apoyo que sea necesario y lograr aquello que hasta ahora no estaban pudiendo alcanzar.

Hay tres competencias centrales que nos ayudarán a la hora de ponernos los zapatos del coach: escucha, curiosidad y observación.

El coach proporciona a sus clientes herramientas y técnicas que los ayudan a mirarse y a explorar en su interior; inspira, muestra con el ejemplo, crea confianza, facilita el aprendizaje y el desarrollo de la autoconfianza y otras habilidades, desafía creencias y juicios, acompaña a sus clientes a darse cuenta.

Aunque seas un experto en agilidad, cuando estés desempeñándote como coach, las herramientas que vas a utilizar son: tu habilidad para **escuchar**, tu **curiosidad** y tu capacidad para **observar**.

Profundizaremos sobre estas competencias centrales en los siguientes capítulos.

Competencias adicionales

Más allá de las competencias centrales, el coach pone especial atención, conciencia y voluntad en el desarrollo de las siguientes competencias adicionales, adaptadas de la Federación Internacional de Coaching (ICF):

Establecimiento de las bases

Para hacer del coaching una profesión respetable y sustentable, el coach es consciente y desarrolla las siguientes competencias:

Cuidar la profesión

El coach comprende y transmite claramente la diferencia entre coaching, consultoría, mentoring, facilitación, psicoterapia y otras disciplinas afines. De esta manera, se pueden aclarar las expectativas de los clientes sobre los alcances del proceso y se preserva la profesión.

Cuando el coach identifica que un cliente requiere ayuda profesional más allá del coaching, o su capacidad se ve excedida por las circunstancias, reconoce la situación y se responsabiliza en derivar al cliente a un profesional competente.

Establecer un acuerdo de coaching

El coach comprende y comparte con sus clientes el marco, las restricciones y los parámetros que determinan la relación de coaching.

El coach se responsabiliza de alcanzar, junto a su cliente, un entendimiento mutuo sobre el alcance de la relación, qué es apropiado y qué no, qué se ofrece y qué no; y cuáles son las responsabilidades de cada una de las partes.

Al establecer este acuerdo, el coach se ocupa de identificar si su abordaje de coaching es apropiado para las necesidades del cliente, haciéndolo explícito en caso de que no lo sea.

Co-creación de la relación

La relación de entre el coach y el cliente se construye y se sostiene con fuertes bases en la colaboración, el respeto, la confianza. En este sentido, es importante que el coach desarrolle las competencias que figuran a continuación.

Construir confianza con el cliente

Implica manifestar una preocupación genuina sobre el bienestar y el futuro del cliente. De esta manera, el coach demuestra integridad, honestidad y sinceridad en la relación.

El sentido de la responsabilidad del coach es clave a la hora de sostener la confianza; respetando los acuerdos y responsabilizándose de sus promesas.

El coach respeta las perspectivas del cliente, la forma de pensar, su estilo y su forma de estar siendo en el mundo. El coach no emite juicios de valor al respecto.

El soporte y acompañamiento que el coach le brinda al cliente en sus cambios de comportamientos y actitudes es clave para sostener la relación, especialmente en aquellas situaciones que requieran tomar riesgos y el temor al fracaso.

El coach es capaz de identificar diferentes aspectos y áreas en las cuáles intervenir en su relación con el cliente. Cada vez que el coach decida intervenir en nuevas áreas que sean sensibles, solicitará primero el permiso del cliente y, una vez obtenido, lo hará.

Estar presente

El estar presente es la capacidad del coach de estar plenamente consciente y crear una relación espontánea basada en su propio estilo, apertura, flexibilidad y confianza.

En este estar presente, el coach se muestra flexible durante el proceso de coaching, danzando con la deriva de las conversaciones. Presta atención a su intuición y corazonadas. Toma riesgos y se siente cómodo navegando espacios desconocidos.

Muchos de estos espacios podrían resultar intimidantes, ya sea por el desconocimiento o por las emociones involucradas. El coach se siente cómodo trabajando con emociones fuertes y puede facilitar momentos emocionales sin verse abrumado ni afectado por las emociones del cliente.

Autoconciencia

El coach sabe quién está siendo.

¿Cómo podría acompañar a los demás en el desarrollo de sus propias habilidades y alcanzar su máximo potencial si no se ocupa antes de si mismo?

Solo sana el sanador sanado.

El coach es consciente de sus propios patrones de pensamiento y comportamientos.

¿Cómo reacciona frente a los acontecimientos que le rodean? Por ejemplo:

- ¿Qué pasa cuando alguien no está de acuerdo con uno?
- ¿Qué le sucede frente a una situación de conflicto?
- ¿Qué pasa cuando las cosas no suceden como quisiera?

¿Cómo elige el coach comportarse frente a este tipo de situaciones?

Solo cuando es consciente de sus propios patrones es que podrá elegir la manera de comportarse en el mundo. Una vez que lo haga, recién allí, tendrá la capacidad de ayudar a otros a hacerlo.

Facilitación del aprendizaje y de los logros

Como coaches, acompañamos a nuestros clientes en el desarrollo de nuevas visiones, perspectivas, habilidades, competencias, etc. Este desarrollo puede asimilarse como aprendizaje. En ese sentido, es fundamental desarrollar las competencias que se presentan a continuación.

Respetar la agenda del cliente

Los clientes son quienes definen sus propios objetivos y formas de alcanzarlos. Ellos son quienes determinan la agenda. El coach la respeta y acompaña. Las voluntades e ideas del coach son requeridas en la relación de coaching.

La agenda del coach ágil está determinada por los individuos, los equipos, las diferentes áreas de la organización, la empresa, los ejecutivos, etc.

Foco en el resultado

Para sostener la agenda del cliente, el coach se concentra en los resultados en vez de la agenda.

Colocar el resultado buscado por encima de la manera en la que se obtiene ayuda a mantener al cliente enfocado y aleja la atención del coach de la agenda.

Especialmente en agilidad, los diversos clientes podrían ser *stakeholders* con diferentes agendas aunque buscando un resultado compartido. El coach ágil sostiene y hace visible ese resultado (visión, propósito, objetivo) para todas las partes, sin intervenir en las agendas individuales.

Desafiar las excusas del cliente

Es muy probable, especialmente en instancias tempranas de la relación de coaching, que el cliente encuentre mil y una justificaciones del por qué no ha logrado aquello a lo que se ha comprometido, lo cual suele denominarse excusas.

El coach ve más allá de lo que el cliente dice o hace. El cliente puede pretender simular avances que no está teniendo o asumir compromisos que no están alineados a sus objetivos. En esos casos, el coach comparte los que ve y pregunta sobre ello, desde un lugar de humildad y servicio, evitando los juicios de valor.

Tener el coraje para hacer visible estas situaciones es fundamental para acompañar a los clientes en el logro de sus máximas posibilidades.

La relación coach-cliente

Uno de los aspectos más importantes en el rol de coach es la calidad de la relación que se establece con el cliente.

En el caso de la agilidad, el cliente puede referirse a un miembro del equipo, a un equipo, a un área de la organización, al líder, al equipo de liderazgo, a la organización en sí. Todos ellos son nuestros clientes y con cada uno se estará sosteniendo una relación.

> *Todo en el coaching*
> *se basa en una*
> *relación de confianza.*

Un espacio confiable y seguro

Uno de los aspectos que más cuida un coach en la relación con sus clientes son: la confianza y el respeto.

Tal es así que la ICF define en las competencias centrales de un coach:

Capacidad para crear un ambiente seguro y de apoyo que genere confianza y respeto mutuo de manera constante.

La confianza es fundamental en la relación de coaching. Cuando hay confianza el cliente se siente seguro para expresarse y sabe que no será juzgado.

El coach se responsabiliza de que su cliente sepa que es aceptado como un individuo entero y completo.

Cuando se habita un espacio de confianza nos sentimos seguros, protegidos, libres de amenazas. En cambio, en un espacio de desconfianza, nos solemos sentir amenazados, como si nosotros y nuestra integridad (personal, profesional, grupal, cultural, etc.) estuviera en peligro.

La confianza

Definiciones de *confianza* hay muchas. Por su claridad y contundencia me atrae, particularmente, la que plantea Georg Simmel (Secret et sociétés secrètes, 1908):

 "La confianza es una hipótesis sobre la conducta

futura del otro".

A esta definición, Laurence Cornu (La confianza en las relaciones pedagógicas, 2002) agrega algunas consideraciones que me parecen importantes:

 "La confianza es una actitud que concierne el futuro, en la medida en que este futuro depende de la acción de un otro. Es una especie de apuesta que consiste en no inquietarse del no-control ejercido sobre el otro..."

¿Cuál es el sentido de esta forma de ver la confianza en el mundo del trabajo? Intuyo que tiene que ver con medir el riesgo de encomendar algo a un otro en el futuro, en un contexto de no-control sobre ese otro. Esta confianza se basa en gran parte en las acciones de ese otro, quien, de alguna manera, construye y alimenta la confianza.

Al inspirar confianza como coach, el cliente percibirá que me preocupan esas cosas que le resultan importantes, que mi intención no es hacerle daño, que me ocupo de sus inquietudes conservando su integridad. En definitiva, que me voy a hacer cargo de él que voy a respetar y honrar su integridad como persona, equipo u organización

La confianza, una opinión

Entonces, ¿puede medirse la confianza?

Ojalá fuera tan fácil.

Si la confianza que tenemos en una persona pudiera medirse sería fantástico, pero dudo que ocurra.

Que una persona sea o no confiable, no es un atributo medible de esa persona. Me atrevo, incluso, a decir que ni siquiera es un atributo de ella. Y creo que en este punto se encuentra la clave de la cuestión.

¿Te ha sucedido alguna vez que alguien confía en una persona en la cual tú no confías (o viceversa)? Si bien puede existir cierto consenso con relación a tal o cual persona en determinados contextos, en la mayor parte de las oportunidades no todos vemos a una persona de la misma manera con relación a la confiabilidad. Por lo tanto, no corresponde decir, por ejemplo: "Ariel es confiable", debido a que *confiable* no es una afirmación, es una opinión. En todo caso, corresponde decir: "yo confío en Ariel", que es muy diferente.

La confianza que inspiro en otros sobre mí, la construyo y la sostengo a través de mis acciones.

Pero ¿qué sucede cuando aún no existe ese historial de acciones que me permiten confiar o no confiar (o que los demás confíen o no confíen en mí)?

En ese caso, las opciones se reducen a elegir qué hacer. Hay un gran grupo de personas que, por ejemplo, cuando no tienen experiencia trabajando con alguien prefieren ser cautelosas, no asumir demasiados riesgos, piden referencias, opiniones y, en última instancia, estas personas controlan mucho las acciones del otro. Están eligiendo desconfiar.

Hay otro gran grupo de personas (admirables en mi opinión) que, frente a la misma situación, eligen confiar y asumir mayores riesgos. Una vez atravesada esa primera elección hecha sin muchos fundamentos, formamos nuestra propia opinión de confianza sobre el otro.

Ahora bien, la confianza está basada en otras opiniones. Dicho de otra manera: existen cuatro factores que despuntan en el horizonte de la confianza: **integridad, intención, capacidad y resultados** (Covey,

2008). Todas ellas, no son ni más ni menos que otras opiniones, que al conjugarlas forman la opinión de la confianza.

1. Integridad

Ser íntegro implica ser congruente. Cuando se actúa de acuerdo con los propios valores, no existe brecha entre lo que se pretende hacer y lo que realmente se hace.

Ser íntegro, también es ser humilde. Es decir, tener la capacidad de mirar el bien de otros, más allá de lo que es bueno para uno mismo.

Una persona humilde está más preocupada por lo que es correcto que por tener razón, por actuar en función de las buenas ideas que, por tener esas buenas ideas, por abrazar una nueva verdad que por defender una posición anticuada, por la construcción de un equipo que por ser él mismo el protagonista, por reconocer la contribución de otros que por ser reconocido (Covey, 2008).

En los talleres de Scrum que he brindado en los últimos 10 años suele surgir una y otra vez la inquietud referida a la medición de la productividad individual de los integrantes del equipo. Mi respuesta, en esos casos, es siempre la misma: *un equipo deja de ser un equipo cuando comenzamos a medir la productividad individual de sus miembros.* ¿Por qué? porque deja de haber humildad en el equipo y cada integrante comienza a perseguir su propio beneficio por sobre el beneficio colectivo. Lo cual me recuerda a un dicho popular en Argentina que dice: "cada uno se mira su propio ombligo".

Finalmente, el coraje completa la percepción de integridad que una persona proyecta. Y también esa es otra opinión que los otros tendrán a partir de la capacidad que demuestra una persona de hacer lo correcto, incluso cuando pueda ser difícil hacerlo.

Como paso inicial, para generar confianza como coach, es importante mostrar tu integridad. Para ello, puedes:

1. Actuar de acuerdo con tus valores
2. Actuar humildemente.
3. Demostrar coraje cuando sea necesario.

2. Intención

Decirle a alguien que nos importa es básico, demostrarle que nos importa es esencial.

Agendar una reunión y llegar 15 minutos tarde sin haber avisado del retraso, por ejemplo, es demostrar que el otro no es importante. Asumir el compromiso de hacer algo para otra persona y luego no hacerlo es demostrar que el otro no es importante. Ignorar un pedido o una necesidad de otro es demostrar que no nos importa. Incumplir cualquier tipo de compromiso con otra persona y no tomar responsabilidad por ello, es demostrar que el otro no nos importa.

¿Quieres que confíen en ti? Además de mostrar integridad, toma responsabilidad por tus compromisos: llega puntual, haz aquello a lo que te comprometes, escucha a los demás, demuestra que son importantes para ti.

3. Capacidad

Alguien puede demostrar integridad y buenas intenciones, y no tener la capacidad de hacer ciertas cosas.

Las capacidades son las habilidades, conocimientos, destrezas y talentos de una persona.

4. Resultados (la hora de la verdad)

Podrán verme como una persona íntegra, con buenas intenciones y con grandes capacidades, pero nunca podré escapar de mis resultados y nadie confiará en mí si no aporto resultados de valor.

La principal medida de progreso es el resultado logrado. Ese es el aporte central al cliente, más allá de las tareas que se realizan. Si se hace mucho y los resultados son pobres, será difícil inspirar confianza en los demás.

¿Cómo puedes mejorar tus resultados?

En primer lugar, asumiendo la responsabilidad por ellos y no por la actividad. Ir a una reunión, tener una sesión de coaching, hacer una llamada, enviar un informe o reporte, facilitar un evento, son todas actividades.

¿Entonces, cuáles son los resultados?

Eso es algo a descubrir con cada uno de los clientes. Para ello, puedes indagar sobre sus expectativas, solicitar feedback con frecuencia, observar y adaptar la práctica constantemente.

Cada cliente espera algo diferente, por eso es tan importante conocerlo.

Confianza y acción

"Los tiempos que estamos viviendo son muy confusos, porque muchas de las cosas que daban forma a nuestra vida están desapareciendo. Las instituciones en que nos basábamos, especialmente la organización del trabajo, ya no son tan seguras o tan ciertas" - Charles Handy

Utilizaré un ejemplo cotidiano del ámbito laboral para llevarlo a la relación coach-cliente.

Hubo dos personas que revolucionaron la forma en la que se veía y se organizaba el trabajo en la era industrial. La primera fue Frederick Taylor con su propuesta de especialización de las tareas (también conocido como Taylorismo).

La segunda persona fue Henri Fayol con el aporte de la cadena de mando, comando y control: jefes que toman decisiones solos y bajan línea a los empleados; empleados que hacen lo que sus jefes dicen y deben mostrar métricas que indiquen cuánto se alinean con esas órdenes.

Esta forma de trabajar, conocida como comando y control, ha funcionado durante muchos años. Mientras las órdes se cumplen reina un ambiente cordial y amable. Pero cuando comienzan a incumplirse, el contexto de amabilidad y cordialidad comienza a mostrar la verdadera esencia en la cual se sustenta este sistema de trabajo: el miedo. Aparecen premios y castigos, se sanciona a los incumplidores, y se realizan observaciones sobre la performance de aquellos que no están alineados.

Cuando pienso en esto, siempre recuerdo a Jorge.

Jorge era una persona que sistemáticamente cuestionaba las decisiones de quienes en su momento eran nuestros jefes. Deberías haber visto el cambio significativo en el contexto de trabajo cuando una de esas órdenes era cuestionada de la manera en la que Jorge lo hacía. El aire se cortaba con un cuchillo. Su evaluación de desempeño corría peligro casi todas las semanas. Esa situación era un ejemplo literal del tipo comando y control.

Ahora bien, ¿qué pasa cuando mezclamos el trabajo creativo con el miedo?

Imagínate que estás en tu trabajo, diseñando la nueva decoración para la sala de un famoso actor, creando el libreto de un nuevo juego, escribiendo un libro, etc. El trabajo debe estar listo dentro de dos meses; sabes que no puedes equivocarte. Quien te contrata te ha solicitado que informes los avance semanales para asegurarse que todo marche bien. Debes cumplir con ciertos procesos que el área de gestión de calidad ha definido, caso contrario obtendrás un mal indicador en las auditorías. Cuando realices la entrega, el cliente debe aceptarla, caso contrario verás una observación en tu evaluación anual de performance.

Bajo la influencia del miedo, el trabajador creativo se retrae, rinde menos. La nueva decoración, el nuevo libro, el nuevo juego, todos estos serán productos más del montón; no lograrán destacarse, no tendrán un impacto importante en el negocio ni en el mercado.

El miedo actúa como una gran fuerza inhibidora, hace que las personas hagan más de lo mismo sin asumir riesgos, sin salir de su zona de confort.

Un ambiente creativo, innovador, que asume riesgos, se sustenta por la fuerza de la confianza.

Retomando la relación coach-cliente, es posible encontrar una relación muy cercana entre la confianza y la acción (Echeverría, 2000). Hay dos grandes tipos de acciones en función de la confianza o la desconfianza.

La **confianza** nos lanza a **acciones transformadoras**. Es el espacio donde se crean nuevas cosas, se generan nuevos mundos, innovamos, inventamos. La confianza sustenta toda acción creativa como el arte, los descubrimientos, la invención, la innovación tecnológica. En suma, los grandes pasos hacia adelante que nos hacen avanzar como seres humanos.

La **desconfianza** lleva a **acciones conservadoras**. Un contexto en el que se busca la auto-preservación y la auto-protección. Todo lo que se hace es para aumentar la sensación de seguridad.

Por eso, es importante ayudar a los clientes a reconocer e ir más allá de sus pensamientos auto-limitantes. Muchas personas llegan a este espacio con pensamientos del tipo "debería ser", por ejemplo: la reunión diaria debería durar 15 minutos, el Scrum Master debería proteger al equipo, el Product Owner debería facilitar la comunicación con los Stakeholders, etc.

También pueden llegar con creencias aprendidas de la cultura organizacional: no debería contradecir a mi jefe, debería consultarlo con la gente de administración, debería hacerlo el área de infraestructura, etc.

Como coach, puedes acompañarlos en enfocarse en aquello que quieren y necesitan lograr, y en aquello que están dispuestos a hacer y a no hacer. La invitación es a acompañarlos a soltar los "debería ser" para que no se transformen en pensamientos auto-limitantes de su propia capacidad transformadora.

El Coach Individual

Un coach no es un consultor porque no aconseja. Y si bien un coach puede hacer intervenciones de consultoría, en esos casos se presenta como consultor, no como coach. La metodología del coach es propia y diferente a la metodología de un consultor, a la de un mentor y a la de un terapeuta.

Un coach individual es un compañero de camino que mantiene un diálogo con su cliente y, mediante el uso de preguntas poderosas, ayuda a indagar interiormente. Propone reflexionar sobre cosas que la persona nunca se había parado a pensar o, inclusive, sobre aspectos que ni sabía que tenía que considerar.

Imagina el coaching como un proceso de aprendizaje. Hoy estás en este punto A, lo actual: lo que sabes, lo que puedes, lo que tienes, lo que eres. Y hay un punto B en el futuro que representa lo que no sabes, lo que no puedes, lo que no tienes, lo que no eres, ¡pero QUIERES!

Entre este estado A y ese estado B hay una brecha. Esa es la Brecha de Aprendizaje y el coach lo que hace es acompañar a una persona a transitar esa brecha.

A través de la conversación, encontraremos su manera de hacer las cosas, su ritmo, que no tiene por qué ser como el de otras personas.

La razón por la cual los coaches no aconsejamos, es que consideramos que los clientes tienen todos los recursos necesarios para transitar ese camino y si no los tienen, cuentan con las herramientas para adquirirlos o para pedir ayuda, tanto a nivel personal como profesional.

El Coach considera
que sus clientes tienen todos los recursos necesarios para llegar a donde quieren
estar.

Otro aspecto importante del coaching es que se trabaja desde el presente hacia el futuro. El pasado está allí, es lo que es y se usa sólo para obtener información, y a partir de allí, diseñar la plataforma de acción hacia el futuro. El coach no se queda reflexionando con su cliente sobre el pasado ni lo usa para sanar conflictos de la niñez ni nada por el estilo. Para eso están formados los psicólogos. Los coaches de eso no sabemos nada, ni sería profesional de nuestra parte intentarlo.

Los coaches tampoco somos jueces. No estamos para juzgar a nuestros clientes ni sus decisiones. No decimos si está bien o está mal lo que está haciendo o las decisiones que está tomando, aunque sí podemos confrontarlo con sus propias contradicciones.

La Federación Internacional de Coaching (ICF) define la actividad como una asociación con los clientes en un proceso que invita a la reflexión y la creatividad, que los inspira a maximizar su potencial personal y profesional, lo cual es particularmente importante en el entorno incierto y complejo de hoy.

En este sentido, los coaches honran a sus clientes como los expertos en sus vidas y sus trabajos y creen que cada cliente es creativo, ingenioso y completo. Sobre esta base, la responsabilidad del coach es:

- Descubrir, clarificar y alinearse con lo que el cliente quiere lograr.
- Animar al cliente a su autodescubrimiento.
- Obtener soluciones y estrategias generadas por el cliente.
- Sostener al cliente como el responsable y partícipe.

Este proceso ayuda a las personas a mejorar dramáticamente su visión de la vida laboral, al mismo tiempo que desarrollan sus habilidades de liderazgo y desbloquean su potencial.

¿Para quién es el coaching individual?

El coach individual no es un entrenador o formador que le dice a las personas lo que deben hacer y corrige sus técnicas, ni tampoco es un psicólogo que trata neurosis, angustias, miedos, fobias.

El coaching que se presenta en este libro es para personas sanas que se encuentran frente a obstáculos a nivel personal (coaching de vida o coaching personal) o profesional (coaching profesional) y tienen ganas de superarlos para evolucionar o crecer. Este tipo de coaching es para personas que saben que podrían estar haciendo algo más de lo que están haciendo ahora, que reconocen el potencial que tienen, y necesitan un empujoncito que los muevan a la acción y tener resultados diferentes en su vida.

El Coach de Equipos

El coaching de equipos es una especialización a partir del coaching individual. Implica pensar en un equipo como un individuo y ejercer coaching en el equipo y no en los individuos del equipo. La finalidad del coaching de equipo es acompañar a un equipo cliente en su desarrollo y aprendizaje colectivo para que sus resultados como sistema superen ampliamente el de la suma de sus partes.

El objetivo del coaching de equipos es maximizar su auto-organización, el sentido de responsabilidad y el rendimiento individual y colectivo. Para lograrlo se enfoca en la capacidad que tiene el equipo para definir y refinar constantemente sus procesos y modelos de trabajo.

¿Para quiénes es el coaching de equipos?

Este tipo de coaching ayuda a que todo el equipo reflexione colectiva-mente, al tiempo que cuida de no intervenir en las relaciones entre los individuos.

Un coach de equipo no controla, gestiona o interviene en los procesos internos ni el resultado de los equipos. En estos casos, el coach se limita a acompañar el aprendizaje de un equipo en busca de maximizar su performance sistémica. Quien diseña, determina y lleva a la práctica ese aprendizaje es el equipo mismo.

De la misma manera, quien determina y controla sus procesos es el equipo mismo. Aquí el coach acompaña y sirve de espejo.

El coaching de equipos también interviene en el espacio que existe entre equipos, es decir, las relaciones que un equipo construye con otro ya sean pares o superiores.

El coach de equipos acompaña y sirve
de espejo.

El Agile Coach

A continuación, comparto una propuesta sobre lo que puede ser el coaching ágil como una extensión del coaching de equipos, y por propiedad transitiva, del coaching individual.

A la vez, me apoyo en la visión que considera al **coaching ágil** como un **conjunto de disciplinas afines: facilitación, mentoring, coaching y formación** (Adkins, 2010), con la salvedad que, desde mi perspectiva, la disciplina del *agile coaching* debe brindar en mayor medida servicios de coaching, siendo los otros (facilitación, consultoría, formación y mentoring) complementarios.

Un coach ágil es un facilitador de equipos ágiles que ha alcanzado un nivel experto en Agilidad. Ha desarrollado habilidades más avanzadas de facilitación, de training y mentoring, y a la vez, sabe diferenciar claramente entre estas disciplinas. Además de sus habilidades de facilitación, mentoreo y liderazgo, ha incorporado habilidades como coach profesional. Su foco se eleva al trabajo con múltiples equipos y se apoya en esta familia de disciplinas.

Un coach ágil brinda coaching y mentoring a Scrum Masters y facilitadores de equipos ágiles. Su área de intervención se encuentra en el desarrollo sistémico de equipos y en la relación que existe entre diferentes equipos de un mismo departamento o área dentro de una organización.

También ha desarrollado suficiente experiencia como para iniciar la transformación de equipos hacia la agilidad. Esta instancia es un posible destino de carrera profesional para muchos coaches ágiles (Adkins, 2010). En las palabras del Agile Coaching Institute, "si contáramos con coaches ágiles más calificados, la Agilidad sería mucho más saludable".

A continuación, presento con mayor detalle de qué manera intervienen cada una de las disciplinas complementarias en lo que hace el coach ágil.

Principalmente coaching

Sólo a los fines de desarrollar este tema [y sin la pretensión de fomentar la medición de este aspecto], usaré una metáfora para aproximar una idea de las proporciones que tienen las diferentes disciplinas en el agile coaching.

Si un vaso representa al *agile coach*, el 70% de ese vaso está lleno de un liquido que se llama coaching de equipos.

Un coach ágil es un coach de equipos. Ha incorporado habilidades como coach individual en primera instancia y como coach de equipos por sobre estas anteriores. Su foco se eleva al trabajo con múltiples equipos y tiene una mirada sistémica.

Desde mi perspectiva, es indispensable que un coach ágil sea competente en ambos tipos de coaching. El aspecto de la agilidad es solo una capa adicional sobre estas disciplinas previas.

Algo de consultoría

Al vaso anterior se agrega un 10% de consultoría.

La relación que existe entre un consultor y su cliente se basa principalmente en las soluciones que el especialista puede aportar para ayudar a resolver problemáticas o necesidades.

El consultor suele ser una persona experta en un área específica. La relación se establece a partir de las soluciones que el consultor es capaz de proveer y que, muchas veces, se encarga de implementar.

A diferencia de la consultoría, el coaching ágil no pretende proveer soluciones a las problemáticas del cliente, sino asistirlo en la observación de su contexto desde nuevas perspectivas que le permitan encontrar sus propias y más genuinas respuestas.

La consultoría solo interviene para establecer los límites del coaching, es decir, para asegurar que las soluciones se mantiene dentro de los valores y principios de la agilidad. En caso de ser incompatibles, aparece la consultoría para mostrar los límites y rápidamente volver al coaching.

Algo de mentoring

A ese vaso que ya tiene el 70% de coaching y el 10% de consultoría, se agrega un 10% de mentoring.

La relación entre el mentor y el mentoreado se basa en la experiencia que tiene el primero sobre cierto tema y que puede utilizar para guiar y acompañar al segundo, de forma tal que el mentoreado desarrolle las habilidades deseadas a través de su puesta en práctica. El elemento sobre el que se construye esta relación es la experiencia que el mentor tiene y transmite.

A diferencia del mentoring, el coaching no pretende dar el ejemplo desde la experiencia, sino desafiar constantemente las creencias, perspectivas y costumbres de los equipos clientes.

Por lo tanto, el aspecto de mentoring del *agile coach* está destinado exclusivamente a ser puesto en práctica al desarrollar nuevos coaches, facilitadores y Scrum Masters a través del vínculo de mentor-mentoreado.

Muy poco de training

A ese vaso que ya tiene 70% de coaching, 10% de consultoría y 10% de mentoring, se agrega un 5% de *training*.

En una relación de docente-alumno, se supone que el primero tiene el conocimiento sobre una determinada disciplina y el segundo está interesado en incorporar dicho conocimiento. Una relación así planteada implica la transferencia de conocimiento de una persona a otra u otras.

Muchas veces, (por suerte cada vez menos) suele haber una diferencia de jerarquía entre el docente, que se considera superior, y la persona que aprende, que se encuentra en una posición de inferioridad. Quien aprende adopta, en muchos casos, una postura pasiva y expectante en su relación con quien enseña, que desempeña un rol más activo.

La materia prima de este tipo de enseñanza es el contenido: aquello que el docente conoce y que el alumno desconoce.

A diferencia de la forma de enseñanza tradicional, en el coaching profesional no existen diferencias de jerarquías: cliente y coach están a la misma altura, y si el *agile coach* necesita hacer pequeñas intervenciones educativas o formativas, por ejemplo, presentar un concepto como la priorización durante una retrospectiva, lo hace dejando claro que está por el momento ocupando un rol diferente. Las actividades de formación intensiva, como por ejemplo un taller de Product Discovery de cuatro horas, las delega en un entrenador ágil.

Muy poco de facilitación

Ese vaso que ya tiene 70% de coaching, 10% de consultoría, 10% de mentoring y 5% de training, se completa con un 5% de facilitación.

La facilitación agrupa todas las actividades y tareas realizadas para que un determinado grupo de personas que se reúnen con un propósito en común, como tomar decisiones, resolver problemas o intercambiar ideas, puedan llevar adelante una reunión productiva.

El facilitador asiste al grupo de personas a encauzar las conversaciones colectivas. No conduce el grupo, ni tampoco trata de distraer o entretener. Aquello en lo que se basa esta relación es la dinámica que el facilitador genera en el grupo de personas.

A diferencia de la facilitación, el coaching no pretende ayudar a un grupo de trabajo a ejecutar una reunión de forma efectiva y colaborativa, sino que está enfocado en equipos ágiles concentrados en autodescubrirse y lograr aprendizajes que amplíen sus posibilidades.

La facilitación de reuniones es exclusiva de los facilitadores de equipos ágiles y/o Scrum Masters, y si en alguna oportunidad el coach ágil tiene que ponerla en práctica, lo limitará exclusivamente a sus intervenciones.

En síntesis...

Si bien no es posible hablar de porcentajes de disciplinas ni mucho menos medirlas, comparto la siguiente metáfora sólo para dar una idea de proporciones de cada una de ellas. Considero al *agile coaching* como:

- **70% coaching de equipos**.
- **10% consultoría** para marcar los límites. Esta consultoría

sirve para complementar el coaching, que es la disciplina central.

- **10% mentoring** para formar nuevos coaches, Scrum Masters y/o facilitadores de equipos ágiles. Este mentoring sirve para complementar el coaching, que es la disciplina central.
- **5% formación** para transmitir conocimientos. Esta disciplina está allí en caso de necesidades puntuales, pero en menor medida, ya que el coach ágil delega la formación en los entrenadores ágiles.
- **5% facilitación** para fomentar dinámicas participativas. Esta disciplina está allí en caso de ser necesaria, pero en menor medida, ya que el coach ágil limita la facilitación solo al ámbito de sus propias intervenciones o en el mentoring de Scrum Masters y/o facilitadores de equipos ágiles.

Para reflexionar

Toma unos minutos y reflexiona sobre el tema tratado en este capítulo.

A continuación, comparto algunas preguntas para que te hagas y, si quieres, también respondas aquí.

1. *¿Cómo consideras que es el mundo del agile coaching que has habitado hasta ahora?*

2 . *¿Y cómo querrías que tu mundo del agile coaching fuera?*

3 . *¿Qué nuevas preguntas te generó este capítulo?*

4 . *¿Qué aprendizaje rescatas de lo leído en este capítulo?*

Para practicar

Es importante poder desapegarnos de nuestras percepciones del mundo y de nosotros mismos. Hay muchos sesgos cognitivos que pueden distorsionar la forma en la que nos percibimos. Por esta razón, te propongo que solicites cinco *feedbacks* sobre tu rol, ya sea de *agile coach*, *Project Manager*, Scrum Master, gerente, etc.

El *feedback* que recibas tiene que estar enmarcado en el contexto de conversaciones con clientes y colegas. El objetivo de estas charlas es que conozcas tu posición actual en el camino hacia el coaching ágil. Para esto, te pido que le compartas al entrevistado el camino de un *agile coach*.

Una vez que lo hayas hecho, hazle las siguientes preguntas:

1. En este camino, ¿dónde crees que estoy actualmente?
2. ¿Cuáles son las competencias que consideras que ya tengo desarrolladas en mi rol?
3. ¿Cuáles son las competencias que crees que aún tengo que desarrollar o perfeccionar para alcanzar el estadio de *agile coach*?

Entonces, ponte ya mismo manos a la obra, ten las cinco conversaciones en los próximos 5 días, y obtén su *feedback* sobre tu práctica del coaching ágil. Aprovéchalo, agradécelo y luego registra lo que sigue a continuación:

. . .

1. *Entrevista Nro. 1: ¿Cuáles fueron los descubrimientos más significativos?*

2. *Entrevista Nro. 2: ¿Cuáles fueron los descubrimientos más significativos?*

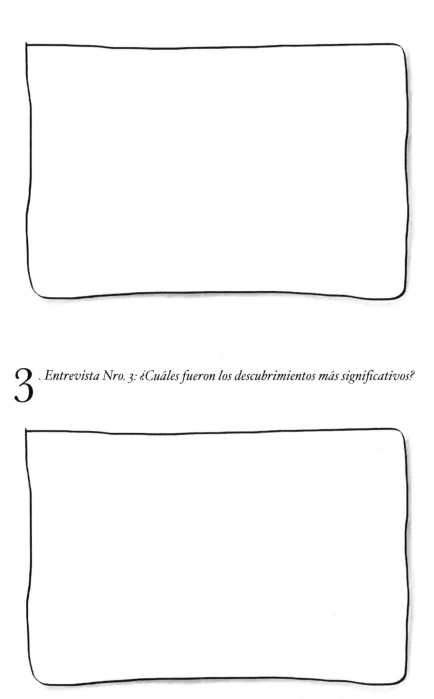

3 . *Entrevista Nro. 3: ¿Cuáles fueron los descubrimientos más significativos?*

4. *Entrevista Nro. 4: ¿Cuáles fueron los descubrimientos más significativos?*

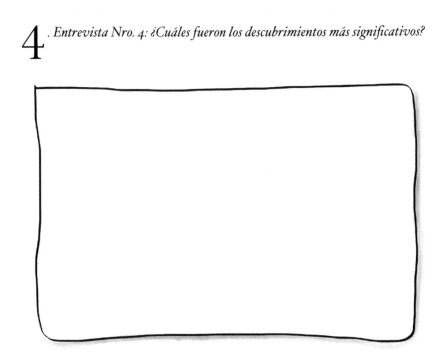

5. *Entrevista Nro. 5: ¿Cuáles fueron los descubrimientos más significativos?*

3

PRESENCIA

La ICF define a la presencia del coaching de la siguiente manera:

 La capacidad de estar plenamente consciente y de crear una relación espontánea con el cliente, utilizando un estilo abierto, flexible y seguro.

Analizaremos las diferentes partes de esta definición.

Estar plenamente consciente

Estar plenamente consciente implica enfocarse en el presente, en lo que está pasando en este preciso momento en una conversación particular.

Estar aquí y ahora.

Cuando mantenemos conversaciones con otras personas, la cabeza puede estar en una infinidad de lugares distantes de la conversación en sí. Mientras el cliente habla, la atención puede estar en nuestros propios pensamientos (conversaciones internas) en lugar de lo que él o ella están diciendo. A veces, aparecen opiniones internas sobre lo que oímos, lo que vemos, recuerdos que esa conversación nos trae, suposiciones sobre los problemas o causas raíces, hipótesis de solución, o las experiencias pasadas de clientes con desafíos similares. Y mientras todo esto sucede dentro de nuestra cabeza, perdemos gran parte de la conexión con la otra persona. La estuvimos oyendo, pero no llegamos a escucharla.

Escuchar = Oír + Interpretar

También podrían aparecer pensamientos y conversaciones externas al proceso de coaching, por ejemplo: distraernos con asuntos personales, estar pendiente del entorno —si hay mucho ruido, si la temperatura es agradable—, recordar la reunión que tendremos en dos horas, pensar en el mensaje que nos acaban de enviar, etc.

Mientras estamos haciendo coaching, apagamos nuestra voz interior, nos concentramos y centramos para poner toda nuestra atención en el otro.

Un ejercicio que funciona para muchos coaches es concentrarse en la respiración durante cierto tiempo previo a cada intervención. Eso permite desconectar del pasado y del futuro, y así, estar en el presente durante la conversación con los clientes.

Cuando se está presente es posible poner atención a:

- Las palabras: lo que escucho.
- La corporalidad y gestualidad: lo que veo.
- Las emociones: lo que siento.
- Lo no dicho: lo que no escucho.

Puedes aprovechar todos esos recursos que tendrás a la mano en tiempo real, mientras te involucras en la relación de coaching.

Te sugiero que identifiques patrones, pensamientos, tonos de voz, emociones, posturas, inconsistencias y que compartas con la otra persona lo que vas notando. Recuerda validar tus percepciones para ser espejo de su presente.

Todo esto puede resultar de inspiración para tus clientes en su proceso de auto-descubrimiento y toma de consciencia.

Crear una relación espontánea

Crear una relación espontánea implica dejarse llevar hacia espacios desconocidos sin temores, soltar el control, la propia agenda y preocupaciones. Acompañar y danzar en la conversación emergente.

> *Sentirnos cómodos*
> *con no saber.*

El temor a lo desconocido puede llevar a intentos de control sobre el curso de la conversación para no ingresar en esos terrenos. Esto es, justamente, lo que hace que una relación deje de ser espontánea.

Hay otros factores que pueden estimular la intención de controlar una conversación. Algunos ejemplos de estos factores son:

1. Estar preocupado por el resultado que el cliente pueda obtener.
2. La preocupación por producir ciertos resultados que no son los elegidos por el cliente, sino por quien nos contrató, bastante habitual en contextos organizacionales.
3. La inquietud sobre la efectividad que el equipo pueda tener en una reunión de trabajo desde el encuadre ágil.
4. La manera en la que el equipo observa, explora y adapta su trabajo.
5. La preocupación que el equipo descubra cierta falencia que nosotros creemos tener identificada, etc.

Cualquiera de estas situaciones funciona como un impedimento para estar presente y fomentar una relación espontánea. Lo importante es identificar estos factores cuando aparecen y hacer algo al respecto. De esta manera, les restamos fuerza y podemos estar presentes con nuestro cliente durante la conversación de coaching.

Abierto, flexible y seguro

Ser abierto en el coaching implica ser transparente, y aquí entra en juego nuestra intuición. Como coaches, confiamos en nuestras intuiciones y corazonadas. La misma ICF hace referencia a la intuición del coach cuando habla de la presencia:

> *El coach usa su propia intuición y confía en sus corazonadas.*
>
> *El coach está abierto a no saber y toma riesgos.*

El coach intuye cuando interpreta información que no fue explícitamente compartida o que no aparece a simple vista, por ejemplo: un gesto, una emoción, la tonalidad de la voz, hasta un silencio puede decir mucho.

Estas intuiciones o corazonadas ayudan a abrir espacios de conversación que hasta ese momento no eran posibles.

Por eso te invito a ser abierto, transparente, a no ocultar tu intuición. Puedes compartirla con el cliente, aclarando siempre antes que es una corazonada. Y, si el o la cliente la confirma, puedes pedir permiso para ahondar en ella.

Con respecto a la seguridad, un gran enemigo del coach es la falta de confianza en sí mismo y la dependencia de los juicios de los clientes. En estos casos aparecen conductas tales como querer quedar bien, ser bien vistos, necesitar ser considerados como habilidosos, querer demostrar conocimiento, etc.

Esta necesidad de reconocimiento y aceptación quita presencia y espontaneidad. El temor a no ser visto como un buen coach podría ser tan fuerte que la atención en uno mismo podría volverse más importante que el trabajo con las personas a quienes se está brindando el servicio de coaching.

Presencia del coach ágil

Como coaches ágiles, es posible que nos preocupe que el cliente haga las cosas de forma alineada a los principios y valores ágiles. Estar pendientes de este tipo de detalles es un obstáculo para el coaching porque se pierde presencia y espontaneidad. Por esta razón, para mí es tan importante tener muy presente la diferencia entre entrenador, mentor, consultor, facilitador y coach.

Compartiré un ejemplo personal.

Cuando intervengo en una organización, lo puedo hacer desde diferentes roles como los que acabo de enunciar. Si el rol desde el que estoy trabajando es el de transmitir conocimientos (entrenador), o el de articular un espacio donde las personas puedan compartir, debatir, decidir y accionar (facilitador), me presento con esos nombres: entrenador o facilitador, según el caso, y no me presento como coach.

Si una persona se presenta como coach y luego pretende entrenar a un equipo en agilidad, está, a mi entender, descuidando la profesión del coaching. Sería algo así como decir: *Hola, soy el coach, toma nota que te voy a decir qué debes hacer"*.

Ahora bien, si doy por sentado que mis clientes tienen la intención de adoptar un marco ágil, transformar un área de la organización hacia la agilidad o fomentar una cultura alineada a los valores y principios ágiles, en esos casos, yo me baso en la fórmula R = R.

(R)esultados = (R)elaciones

Es decir, considero que la calidad de los resultados que soy capaz de alcanzar está directamente relacionada a la calidad de las relaciones que estoy generando.

Ahora bien, la pregunta es: la forma en la que cada uno de los integrantes del equipo o área de la organización se relaciona —consigo mismo, con sus compañeros de equipos, entre varios equipos, entre gerentes, entre ejecutivos—, ¿alcanza para generar un contexto que habilite la agilidad?

Si la respuesta es no, esto habilita la entrada del rol de coach para acompañar a cada persona, equipo y organización a tomar responsabilidad y accionar para lograr los nuevos resultados deseados.

Cuando estamos en el rol de coach,
estamos presentes, acompañamos.
No guiamos.

Presencia y expectativas de terceros

Como se mencionó más arriba, estar pendientes de cumplir con las expectativas de quien nos ha contratado, nos aleja de la presencia como coaches. Este tipo de escenario es común en el ámbito organizacional: el destinatario de tu servicio de coaching no siempre es quien te contrata.

Por ejemplo, si me contrata el área de desarrollo organizacional porque quieren fomentar en la organización un estilo de liderazgo alineado con los valores y principios ágiles, y en ese escenario, voy a trabajar con 20 líderes (que no son quienes me contrataron), me aseguro de que cada uno de ellos con los que trabaje tengan ganas y compartan esas inquietudes e intenciones organizacionales. De esa manera, puedo estar presente y ser espontáneo en la relación, y dejar de preocuparme por lo que el área de desarrollo organizacional espera. Todo esto lo hago en un contexto de plena transparencia, donde ambas partes participan de la co-creación de los objetivos del proceso y saben que, si no hay acuerdo entre las partes, no hay coaching.

El coaching es algo que no se puede
imponer a alguien.

Beneficios de estar presente

Un coach que está presente tendrá oportunidades de identificar aspectos de la conversación que van más allá del discurso y, de esta forma, intervenir. Comparto algunos ejemplos de observaciones que pueden darse durante una conversación de coaching, gracias al estar presente:

- Percibo que se ilumina tu semblante cuando hablas de [tal cosa] ¿A qué crees que se debe?
- Noto cierta duda o inseguridad en el tono de tu voz. ¿Quisieras que hablemos al respecto?
- Me dices que aceptas [tal cosa] pero te veo enojada. Te invito a que conversemos acerca de esa diferencia.
- Las caras que veo me llevan a intuir que no todo el equipo está de acuerdo con [tal cosa]. ¿Qué tan equivocado estoy al respecto?
- Noto que [cierta temática] es recurrente en esta conversación de equipo y, así y todo, cuesta entrar en ella y abordarla. ¿A qué creen que se debe?
- Cuando nos referimos a [tal cosa] percibo cierto nerviosismo del que no se habla ¿qué es de lo que no estamos hablando?

La falta de presencia

En suma, en los momentos en los que se pierde presencia como coaches, se puede poner en riesgo la relación de confianza y la efectividad del proceso. A continuación, comparto algunas situaciones producto de la ausencia de presencia:

- Dejar de identificar sucesos importantes durante la intervención.
- Evitar las emociones fuertes.
- Perder de vista los estados de ánimo y las emociones de la otra persona o del grupo.
- Enfocar en el pasado o en el futuro e ignorar lo que está pasando en ese momento presente.
- Dejar ir comentarios aparentemente sin valor.
- No identificar patrones nocivos recurrentes, como la culpa, negar la responsabilidad, la victimización, entre otros.

- Asumir juicios, inclusive infundados, como afirmaciones (creerse el cuento).
- Dejar que los clientes divaguen y se enreden en sus propias conversaciones por falta de foco.
- Intentar controlar la dirección de la conversación en vez de acompañar a la persona o el grupo.
- Ser inconsciente del impacto de las propias acciones y corporalidad en el coaching.

Para Reflexionar

Toma unos minutos y reflexiona sobre el tema tratado en este capítulo.

A continuación, comparto algunas preguntas para que te hagas y, si quieres, también respondas aquí.

1. *¿Cómo consideras que es la calidad de la presencia que has desarrollado en tus intervenciones hasta ahora?*

2. *¿Cómo consideras que debería ser tu presencia como coach a partir de lo leído en este capítulo?*

3. *¿Qué cambios crees que podrías realizar para acercarte hacia la presencia buscada?*

Para Practicar

Para este capítulo, realizaremos dos prácticas: una individual y otra en compañía.

P ráctica Nro. 1: Un minuto de atención plena

Este es un ejercicio sencillo que puedes hacer en cualquier momento del día. El objetivo consiste en enfocar toda la atención en tu respiración durante un minuto.

Deja abiertos los ojos, respira con el vientre en lugar de con el pecho y trata de inspirar por la nariz y exhalar por la boca. Céntrate en el sonido y el ritmo de la respiración.

Prepárate para que la mente deambule (porque lo hará) y, en ese caso, vuelve la atención a tu respiración cada vez que esto pase.

Puedes realizar este ejercicio las veces que quieras y el tiempo que quieras, ya que ayuda a restaurar la mente, conseguir claridad y paz.

Este ejercicio es la base fundamental para centrarse y lograr estar presente en el aquí y ahora.

P ráctica Nro. 2: Estando presente

La próxima vez que estés conversando con alguien, puede ser un compañero de trabajo o un equipo al que estés brindando algún tipo de servicio -consultoría, coaching, mentoring, etc.-, toma una hoja en blanco y representa la conversación que estás teniendo. Trata de registrar tantos detalles como te sea posible, sin interrumpir ni friccionar la conversación. Presta atención cada vez que tu mente se pone a divagar en otros temas, utiliza los apuntes que estés tomando o el dibujo que estés haciendo como ancla para retomar tu capacidad de presencia.

· · ·

1 . *¿Qué descubriste realizando estas actividades?*

4

ESCUCHA

 Oír (Del lat. audīre).

1. tr. Percibir con el oído los sonidos.

Escuchar (Del lat. vulg. ascultāre, lat. auscultāre).

1. tr. Prestar atención a lo que se oye.

DICCIONARIO DE LA REAL ACADEMIA ESPAÑOLA

Cuando iba al colegio primario me enseñaron la teoría del proceso de comunicación. Recuerdo que decían algo así: en un extremo hay un emisor, que es quien codifica y envía un mensaje de manera entendible. Este mensaje representa la información debidamente codificada, que incluye ideas, sentimientos, descripciones expresadas por el emisor. En el otro extremo está el receptor, encargado de decodificar el mensaje tal cual fue emitido por el emisor.

Con el tiempo y el aprendizaje me di cuenta de que esa teoría es aplicable sólo cuando se refiere a máquinas como la radio o la televisión. Lamentablemente, cuando se trata de seres humanos, la comunicación se vuelve mucho, pero mucho más compleja.

Oír no es escuchar

Mi abuela siempre se confundía estos dos términos. La recuerdo hablándole a mi abuelo mientras él miraba la televisión. Ella le decía algo y después le preguntaba: "¿Me oíste lo que te dije?". Técnicamente, salvo que mi abuelo tuviese problemas de audición, era imposible que no la hubiera oído, ya que oír es un acto fisiológico que tiene que ver con los sentidos. Oír implica percibir los sonidos. "Si, te oí", le decía mi abuelo. Lo que él no aclaraba era que no la había escuchado.

Mi abuelo no la había escuchado porque *escuchar* es la acción voluntaria de comprender, deducir y atribuirle un sentido a aquello que se ha oído. Al escuchar se le da un determinado sentido al sonido percibido. Y, claramente, mi abuelo estaba escuchando la televisión, mientras mi abuela le hablaba. Por eso mismo, después hacía cualquier cosa, menos lo que mi abuela le había pedido. :)

Echeverría[1] define el *escuchar* como "oír más interpretar":

$$Escuchar = oír + interpretar$$

Quien escucha le otorga sentido al mensaje

En una reunión con amigos, uno de ellos dice "ya es muy tarde". Yo escucho "estoy cansado y pienso retirarme". Una mañana de otoño me dispongo a salir, mi mujer me dice "hace mucho frío afuera". Yo escucho "abrígate antes de salir". Le pido a mi socio que me acompañe a una reunión y me dice "tengo que ir a otro cliente", yo escucho "no voy a acompañarte". Ninguno de ellos dijo lo que yo escuché, entonces, ¿cómo es que escuché lo que escuché?

 "Uno dice lo que dice, el otro escucha lo que escucha." –

HUMBERTO MATURANA

Nosotros asumimos que en todo actuar hay una intención y que nadie haría algo si no tuviese un para qué hacerlo. Lo interesante es que, en la mayoría de los casos, llegamos a conocer solamente la acción, pero no la intención que hay detrás.

Por ejemplo, cuando alguien cruza la calle corriendo, suponemos que es para que no lo atropelle un automóvil. Cuando alguien abraza a otra persona en público, suponemos que es porque le está demostrando su afecto. Pero nosotros no conocemos cuál es el verdadero para qué de la otra persona, entonces lo suponemos: nos contamos una historia a nosotros mismos que le atribuye una intención a las acciones de los otros.

Con la escucha pasa exactamente lo mismo. Considerando el principio que hablar también es una acción (como cruzar una calle o abrazar a alguien), le atribuimos una intención, un para qué. Cuando alguien dice algo, nosotros suponemos el para qué de eso que dijo, y así es como yo escucho "abrígate" cuando mi mujer dice "afuera hace mucho frío".

Ahora bien, esa intención que atribuimos debe ser una intención con sentido, no puede ser algo ilógico. Sin embargo, lo que es lógico para mí puede no serlo para otros, debido a que el hecho que ser o no ser lógico es, ni más ni menos, una opinión. Y como las opiniones están asociadas a la particular forma de ver el mundo que tiene quien las emite, tengo una mala noticia: cuando supongo lo que alguien quiere decir, lo hago desde mi propia perspectiva del mundo y no desde la visión de quien está hablando. Esta es la razón por la cual uno dice lo que dice, y el otro escucha lo que escucha.

Niveles de la escucha

Cuando conversamos con alguien, es posible identificar la escucha en tres niveles (Whitworth, 2007).

Nivel 1: Escucha interna

La escucha interna ocurre cuando alguien está hablando y uno oye con mucha atención todo lo que se dice, a la vez que se interpretan esas palabras desde la propia visión que se tiene del mundo. Este mecanismo puede denominarse **la escucha del coach principiante,** que suele ser el tipo de escucha más común en las organizaciones de hoy.

Un ejemplo concreto puede ser cuando se escucha al cliente hablar sobre su preocupación en aceptar ciertas especificaciones porque sabe que hay un alto riesgo que cambien en el corto plazo. En este caso, una persona que se mueve en el primer nivel de escucha se preguntaría a ella misma "¿cómo me afecta esto?", lo cual lo llevaría inmediatamente a buscar soluciones desde sus propias inquietudes y decir, por ejemplo, "no te preocupes, si hay cambios en las especificaciones podremos tratarlos en la próxima iteración de trabajo y efectuar los ajustes que sean necesarios".

Ahora bien, al operar como coach en este nivel de escucha, se pierde la oportunidad de entender lo que está preocupando al cliente, en tanto se da por supuesto que ambos comparten la misma preocupación.

Nivel 2: Escucha enfocada

En este nivel superior de escucha, se establece una conexión y cierta empatía con quien está hablando.

Quien escucha está prestando absoluta atención a lo que el otro está diciendo y a sus palabras. Mientras el cliente expresa su preocupación, es importante ser conscientes de las diferentes perspectivas. Entonces, con esa claridad es posible indagar, por ejemplo, "¿y qué es específicamente lo que te preocupa?"; a lo que él puede responder "que el equipo se desmotive por creer que no tengo las especificaciones bien definidas".

Al mantenerse consciente y al evitar que las propias perspectivas del mundo invadan la conversación, el coach reconoce que no sabe por qué el cliente considera esto como un problema, o qué significa para él que algo esté bien definido. Entonces la conversación podría seguir con alguna de estas preguntas: "¿por qué te preocupa que el equipo piense eso?" o "¿qué significa para vos que una especificación esté bien definida?"

Inclusive, se puede ir más allá y probar si es posible explicitar algún temor: "¿y qué pasaría si las especificaciones no estuviesen bien definidas?" Y simplemente, escuchar en silencio.

Nivel 3: Escucha global

En este punto, además de haber establecido la conexión y empatía con el cliente, también se está atento a otros factores, más allá de las palabras: el tono de voz y el lenguaje corporal. Aquí es donde la intuición aparece.

Ahora bien, es importante recordar que la intuición se ve afectada por la forma que cada uno tiene de ver el mundo. Por esta razón, la intuición se valida con el cliente antes de asumirla como correcta. Por ejemplo: "te veo algo nervioso, un poco tenso ¿puede ser?"-mientras se intuye cierta ansiedad-. "¿Hay algo malo que pueda pasar si las especificaciones no están bien definidas?"

Y, de esta manera, se continúa con la escucha global de sus palabras, sus inquietudes, su cuerpo y sus emociones.

Achicando la brecha de escucha

Según se explicó hasta ahora, lo que escuchamos es una aproximación a lo que el otro dice. Esta aproximación puede estar más o menos distante de la intención del que habla. Esta distancia se denomina brecha en la escucha y se puede reducir mediante tres tipos de acciones (Echeverría, 2006) que pueden realizar quienes están conversando: verificar escuchas, compartir inquietudes e indagar. Veamos cada una de ellas.

Verificar escuchas

El primer paso es reconocer que lo que uno dice puede no ser lo que el otro escucha (y viceversa). Por lo tanto, se recurre a la verificación de escuchas tanto si estoy hablando como si estoy escuchando.

En el caso de estar hablando, si hay sospechas que se está generando una brecha en la comunicación, se pide a quien me está oyendo que repita con sus palabras lo que acaba de escuchar. Echeverría resalta la importancia que tiene que la repetición sea con sus propias palabras para que se exprese su interpretación de lo que escuchó.

En el caso de estar escuchando, es importante no dar por sentada la propia escucha, aunque parezca que tiene todo el sentido. Si se percibe que se está generando una brecha, corresponde interrumpir la conversación y compartir con las propias palabras lo que se cree haber escuchado, para que el otro lo verifique o no.

Retomando el ejemplo anterior, podría parafrasear con mis palabras lo que escucho del cliente: "entonces, me dices que tu preocupación es que el equipo pierda las ganas de trabajar porque las especificaciones cambian continuamente. ¿Es correcto?"

Compartir inquietudes

Ya vimos que siempre que uno habla lo hace para algo. **Ese para qué** es la inquietud que mueve a la persona a hacer lo que hace, en este caso, hablar.

Puede suceder que, cuando escuchamos, quien habla no hace visible su inquietud. No porque quiera ocultarla, sino que probablemente ni siquiera sea consciente de que la tiene.

En esos casos, para realizar una buena escucha, se puede preguntar abiertamente qué es lo que lo lleva al otro a decir lo que dice, para qué lo hace. En el ejemplo anterior, la pregunta sería algo así como "¿para qué te preocupas por la claridad de las especificaciones?"

Si uno es el que habla, tengo la posibilidad de asegurarme compartir mi inquietud para enriquecer la comunicación.

Indagar

Otro mecanismo para reducir la brecha es la **indagación** que consiste en preguntar para profundizar en las palabras de quien habla y así comprender mejor su modelo mental. Por ejemplo, preguntar "¿qué significa para vos que una especificación esté bien definida?"

Se puede indagar sobre el pasado, sobre las opiniones, las interpretaciones, las creencias, las emociones y un sin fin de aspectos. Todo dependerá de la situación y del contexto de la conversación.

En el ejemplo que he presentado hasta ahora, una forma de indagar puede ser la siguiente:

— ¿Por qué crees que el equipo podría verse desmotivado frente a especificaciones cambiantes?

— Bueno, porque a mí me desmotivaría mucho.

— Si te desmotiva, entonces ¿por qué no te tomas más tiempo para realizar especificaciones mucho más claras, certeras y específicas?

— Es que no depende del tiempo que invierta, depende principalmente de los cambios en el contexto del negocio. Hoy las cosas son así, mañana son diferentes. Tu sabes bien cómo es el rubro de las finanzas.

— Lo que me estás diciendo es que no importa cuán claras hagas las especificaciones, hay grandes probabilidades de que las mismas cambien. ¿Es así?

— Sí, tal cual.

Se puede comprender mucho mejor las inquietudes de nuestro interlocutor al apagar, de alguna manera, nuestra perspectiva particular.

Escuchando al equipo

La principal diferencia en la escucha propia del coaching a un equipo es que se escucha a una multiplicidad de personas, no sólo a una.

En este sentido, la presencia como coaches de equipos es importante que contemple:

- la cantidad de personas que están participando activamente de las conversaciones y cuántas no lo están haciendo.[2]
- Cuán recurrente es este patrón en el equipo ¿Se repite en otros ámbitos?
- Cantidad de conversaciones que están sucediendo a la vez. En estos casos, es posible utilizar técnicas de facilitación que promueven que haya una conversación a la vez.
- Información proveniente de lo no verbal: la corporalidad predominante del equipo, su estado de ánimo, la energía, los tonos de voz, etc.
- Posibilidad de realizar contacto visual con los integrantes

Podrás encontrar mucho material que te ayudará a facilitar conversaciones grupales en el libro: "Facilitador de Equipos Ágiles"[3].

Para Reflexionar

Te invito a que dediques unos minutos a reflexionar sobre el tema tratado en este capítulo.

A continuación, comparto algunas preguntas para que te hagas y, si quieres, también respondas en las cajas abajo.

1 . *¿Qué consideras que no estás escuchando o que te está faltando escuchar en tu vida profesional y comunitaria?*

2 . *¿En qué momento de tu vida e historia profesional juzgas que tu capacidad de escucha fue una limitante?*

3 . ¿*En qué ámbitos de tu profesión consideras que tienes problemas para ser escuchado?*

4. *¿Qué nuevas posibilidades se podrían abrir en tu ámbito profesional luego de reflexionar sobre el fenómeno del escuchar?*

5. *¿Qué inquietudes de tus colegas y clientes podrías comenzar a anticipar y a responsabilizarte de ellas antes de ser formuladas?*

Para Practicar

Piensa en tres conversaciones diferentes que te gustaría mantener con las personas que quieras y en el momento que quieras.

Antes de tener cada una de estas conversaciones, trata de memorizar el siguiente *checklist* **para acortar la brecha en la escucha**:

- Focalizar toda mi atención en la persona que habla.
- Mantener contacto visual.
- Procurar no interrumpir.
- Escuchar sin juzgar lo que el otro dice.
- Indagar en la intención que puede haber detrás de lo que el otro dice.
- Prestar atención a la expresión corporal (movimientos, postura, gestos, etc.) e indagar al respecto.
- Prestar atención al aspecto emocional (tono de voz, silencios, etc.) e indagar al respecto.

Te propongo que pongas esta lista en práctica cuando mantengas las tres conversaciones que has elegido e, inmediatamente, después de cada una de ellas, toma nota de todo lo que haya parecido relevante.

1 . *Luego de realizar el ejercicio anterior ¿Qué conclusiones puedes sacar de esta forma de abordar la escucha?*

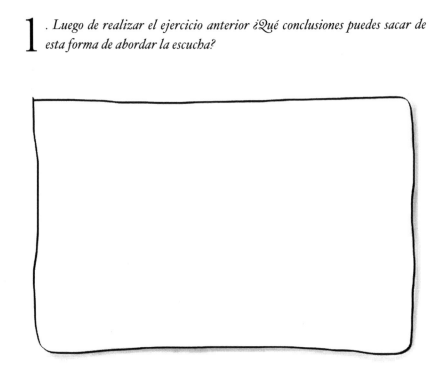

2 . *¿Qué descubriste realizando esta actividad?*

5

LENGUAJE

— La verdad es que ya me tienen cansada, ¡estoy harta! —exclamaba Silvia mientras ingresaba a la oficina.

— ¿Qué te sucede Silvia? —preguntó Mara.

—. ¡Esto es increíble, la nueva versión de la aplicación que entregaron es un desastre! ¡Está llena de errores, no funciona nada!

— ¡No puede ser!, —exclamó Mara con tono de furia en su voz— ¡Hemos estado trabajando hasta altas horas de la noche, asegurándonos la calidad de la aplicación!

—. ¡Claro! Horas extras totalmente desperdiciadas. Yo no recuerdo la clave y la aplicación ni siquiera me da la opción de recuperarla, primer error. Estuve como dos horas hasta que logré recordarla. Una vez que logro ingresar, el menú de opciones tradicional ya no está en su lugar, segundo error. ¿A quién se le ocurre mover un menú de lugar? ¡Una incompetencia total! Además, tengo que hacer 10 clics para llegar al informe, tercer error, ¡y contando! Por favor, ¡solucionen eso! —seguía diciendo Silvia mientras dejaba la habitación.

—. ¡Ay, qué mujer insoportable! No veo la hora de que se jubile, nunca valora nada de lo que hacemos – decía Mara completamente decepcionada de Silvia.

La de arriba es una discusión entre Silvia, Gerente de Marketing, y Mara, Líder de Proyecto de Sistemas. Parece que Silvia no está conforme con la manera en que fue construida la nueva versión de un determinado sistema. Atribuye eso a errores cometidos por el equipo de Mara y, aparentemente, tampoco valora el esfuerzo invertido. En definitiva, otra típica interacción inútil que no resuelve los problemas, sino que más bien contribuye para agravarlos. Deteriora las relaciones interpersonales y aumenta en nivel de tensión y estrés en las personas. Lamentablemente, este tipo de situaciones, son moneda corriente en muchas organizaciones y equipos de trabajo.

¿Cuántas veces has opinado sobre algo o sobre alguien sin ser consciente de que esa era sólo tu propia opinión? ¿Cuántas veces te sentiste dolido, frustrado, desalentado por alguna opinión expresada por otro? ¿Cuántas relaciones fueron afectadas negativamente por alguna opinión expresada de manera desafortunada?

Hace ya mucho tiempo que los seres humanos hemos descubierto el poder y la potencia de nuestras propias opiniones. Así y todo, aún nos cuesta expresarlas de manera respetuosa, lo cual genera las típicas situaciones referenciadas como *problemas de comunicación*, estimulando mucho sufrimiento en el día a día de los involucrados.

Afirmaciones y declaraciones

Con el término *afirmación* me estaré refiriendo a todo aquello que no genera discusiones o diferencias entre puntos de vista, por ejemplo: el nombre de una persona, el número cuatro, las unidades de medida, una silla, el nombre de los días, etc.

Este tipo de afirmaciones no son discutibles ni podemos modificarlas nosotros mismos. Por esta misma razón, cualquier otro miembro de nuestra sociedad puede comprobarlas y es posible valorarlas como verdaderas o falsas.

Las afirmaciones están basadas en un consenso social que ayuda a ponernos de acuerdo sobre cómo identificar las diferentes cosas que nos rodean.

El lenguaje sirve para describir el entorno, además de hechos y sucesos, por ejemplo: "a tres cuadras de casa hay un parque arbolado", "hoy es jueves", "tengo tres tareas pendientes", "Mariano llegó a las 10:30am". Todas estas afirmaciones están efectivamente describiendo lo que vemos y sabemos. Por eso, se dice que el mundo antecede a la palabra o, lo que es lo mismo, hablamos para contar lo que vemos.

Cuando describimos, el mundo antecede a la palabra: hablamos para contar lo que vemos.

Además de la función descriptiva del lenguaje, existe otra mucho más poderosa. Frases como las que siguen van mucho más allá de una simple descripción, por ejemplo: "llamaré al cliente y luego te cuento qué me dice", "para mañana este reporte estará terminado", "la nueva característica del producto llevará tres días", "tendré diseñado el nuevo modelo de negocios para el martes".

Al enunciar frases de este tipo, se están generando nuevos espacios de posibilidades para nosotros o para otros. Tu percepción del mundo cambia cuando alguien te dice "No te preocupes, yo te ayudo". En ese caso, se está usando el lenguaje para *generar* o *declarar*. Es decir, hablamos para generar nuevos escenarios.

Cuando declaramos,
generamos nuevas posibilidades para nosotros o para otros: hablamos para generar nuevos escenarios.

Antes de avanzar, te invito a realizar el siguiente sencillo ejercicio.

Recuerda:

- Alguna vez en la que te has encontrado en una situación dentro de un equipo que no era la esperada.

- Los inconvenientes que tuviste en el trabajo durante el último mes.
- Las reuniones en las que participaste y se presentaron situaciones desafiantes y de tensión.

En cada uno de estos casos ¿recuerdas el tipo de lenguaje que predominó? ¿Las afirmaciones o las declaraciones?

Permanecer en la descripción de los problemas no ayuda a superarlos. De hecho, quedarse en ese tipo de descripción da lugar a las culpas y las justificaciones. Para abrir nuevas posibilidades y generar un cambio es necesario moverse de un espacio descriptivo a un espacio declarativo.

Profundizaré sobre este tema en el apartado correspondiente a los compromisos.

Por menos "Habría que"

En todos los equipos con los cuales he trabajado en el pasado aplicando uno u otro modelo Ágil, realizamos retrospectivas para examinar la forma de trabajo y ajustarla en búsqueda de mejoras. En este tipo de reuniones a las personas proponen multiplicidad de soluciones e ideas de mejora. Lo cual demuestra que la capacidad para pensar en soluciones a los problemas es infinita.

Ahora bien, muchas de estas ideas y posibles soluciones se suelen expresar en estos términos: "habría que hacer esto", "habría que hacer aquello", "deberíamos cambiar la forma de hacer eso", "aquí, en esta empresa, se deberían hacer las reuniones de esta manera".

Todas estas son ideas, y toda idea nace con una deficiencia: no está hecha. En tanto no esté hecha, es sólo una expresión de deseo y, si no hay nada de acción involucrada seguirá siendo una expresión de deseo.

Ahora bien, si lo que se pretende es realizar mejoras y resolver problemas, además de expresar ideas, es necesario bajarlas a la acción. De lo contrario, solo nos quedaríamos contemplándolas sin realizar efectivamente esas mejoras que pretendemos.

En el año 2001 tuve la fortuna de trabajar con un gerente del que aprendí muchas cosas. Una de ellas fue que cada vez que tenía una idea, en lugar de decir "habría que" era muchísimo mejor decir "haré...".

Si bien la diferencia parece sutil, desde mi punto de vista es radical: me coloca en el centro de la escena, transforma la idea en un compromiso y evita que pierda tiempo discutiendo ideas que luego nadie llevará adelante.

Esto es una declaración.

Una declaración modifica el mundo para mí y para quienes serán afectados por esta idea, algo que el "habría que" no hace.

Entonces te invito a que, cada vez que escuches un "habría que", en un equipo, te hagas estas preguntas:

- ¿Cómo podrán llevar adelante esta idea? ¿Quién podría hacerlo? ¿Ya lo han declarado?
- ¿Cómo están contribuyendo al problema? ¿Qué cosa no están haciendo y podrían hacer?
- ¿Cómo pueden expresar la idea en forma de un compromiso? Es decir, ¿cómo pueden pasar del "hay que" al "haré / haremos..."?

Desde mi punto de vista, el uso del "hay que" o "habría que" sin una propuesta concreta de acción, denota cierta falta de compromiso de la persona o del equipo que está presentando la idea.

> *Cada vez que digo "habría que"*
> *estoy expresando un simple deseo.*
> *Sin acción nada cambiará.*

El otro también tiene la razón

 "No sabemos cómo las cosas son. Sólo sabemos cómo las observamos o cómo las interpretamos. Vivimos en mundos interpretativos".

Desde los inicios de la civilización occidental se ha considerado a los seres humanos como observadores que describen lo que está allí afuera.

Creemos que tenemos la capacidad de ver al mundo tal cual es y solemos hablar sobre lo que vemos como si se tratara de la verdad.

Sí, es verdad que los seres humanos somos observadores y, como tales, cada uno ve el mundo de una manera particular. Si en este mismo momento tuviera la posibilidad de hablar contigo, es muy probable que no coincidiríamos completamente sobre la forma en la que percibimos el mundo que nos rodea y podríamos discutir sobre las diferencias que vemos.

¿Y cómo solemos solucionarlo? Simple: tú estás equivocado y yo tengo la razón. Punto y santo remedio.

Aunque pueda parecer insólito, ¿Cuántas personas quieren tener razón y están buscando quién está equivocado? Imagínate a un brasileño y un argentino hablando de fútbol o a un fan de Federer y un fan de Nadal conversando, o a un socialista y un defensor del libre mercado intercambiando comentarios en Facebook....

Como diría un conocido cantante tropical argentino: "¿dónde está la clave?, ¿cuál es el motivo?, ¿cómo es este asunto?". ¿Hay un único mundo objetivo y algunas personas logran verlo mientras que otras no, o por el contrario, hay tantos mundos como personas que observan?

Si realmente hubiera un único mundo objetivo y racional, entonces en cada discusión habría alguien que tiene la razón y alguien que está equivocado. Esta, creo yo, es una solución demasiado simple para un problema demasiado complejo: bien y mal; correcto e incorrecto; verdadero o falso.

Hay una mirada radicalmente distinta: los seres humanos no tenemos acceso a la verdad sobre las cosas y todas nuestras percepciones son, hasta cierto punto, subjetivas. Este fenómeno es *la (realidad)*, es decir la realidad entre paréntesis. (Maturana & Varela, 1984)

Maturana and Varela presentan un experimento posible de recrear con dos círculos grises, en este caso, dos ojos grises, uno de ellos rodeado de una zona rojiza. Quien se encuentre frente a la imagen de abajo verá el ojo izquierdo ubicado en la zona rojiza de un color diferente al ojo derecho, aunque ambos sean iguales.

Ambos ojos son del mismo color gris.

A este efecto se lo cataloga como *ilusión óptica*. El inconveniente que se presenta al llamarlo de esta manera es que se lo coloca fuera del espectador, olvidando el papel que cada uno de nosotros tenemos como observador y jugamos en esa percepción distorsionada.

No podemos separar nuestra percepción de la experiencia. Cuando vemos los ojos de diferentes tonalidades, también vivenciamos y experimentamos a esos ojos de esa manera, dando por sentado que son así. Para mí, por ejemplo, **son** de diferentes tonalidades.

Dar lugar a esta nueva forma de entender nuestra manera de ver lo que denominamos *realidad* y comportarnos en consecuencia, puede habilitar un universo totalmente nuevo. Sin caer en el relativismo absoluto, respetar las formas de observar de otros permite la convivencia de diferentes puntos de vista. Al no haber verdades absolutas ni objetivas, es posible aceptar y convivir con quienes opinan y ven las cosas de manera diferente.

Esto es posible con la familia, la pareja, el equipo de trabajo y en cualquier organización, ciudad, sociedad, país. Vemos las cosas de diferentes maneras y tenemos interpretaciones diferentes ante al mismo hecho.

Modelos mentales

A partir de la idea que sostiene que cada uno de nosotros es un observador particular del mundo que lo rodea, propongo que pasemos al siguiente nivel: los **modelos mentales**.

 Los modelos mentales son imágenes internas, profundamente arraigadas, de cómo funciona el mundo, imágenes que nos limitan a las formas familiares de pensar y actuar. Muy a menudo, no somos conscientes de nuestros modelos mentales o los efectos que tienen sobre nuestra conducta. (Senge, 1990)

Como se puede leer, los modelos mentales no sólo se refieren a la forma en la que vemos el mundo, sino también a la forma en la que actuamos en él.

Por ejemplo, en Kleer, una empresa que fundé en 2009 y en la que trabajé hasta 2019, solíamos tener una política de números abiertos. En este sentido, todos los que trabajan en Kleer tenían acceso a las finanzas: facturación, gastos, liquidez, proyección, ganancias, sueldos, etc. Al comienzo, para nuestro contador, el hecho de manejarnos con números abiertos era una locura. Por su lado, el abogado lo consideraba arriesgado también. Para algunos de los socios era desafiante, para otros era normal, para alguien que venía de otro trabajo resultaba raro y para quien éste era su primer trabajo le parecía atractivo. Si bien el hecho era el mismo para todos, lo que condicionaba la vivencia que cada uno tenía era, justamente, sus respectivos modelos mentales.

Estos modelos mentales se conforman y se ven influenciados por diferentes factores que se presentan a continuación.

Biología

El modelo mental se relaciona con el mundo que lo rodea a través del sistema nervioso. Como seres humanos, no podríamos percibir un mundo externo a nosotros si no fuese por él y por nuestros sentidos. El sistema nervioso, es un sistema cerrado: los eventos que acontecen fuera de nosotros sirven de catalizador para procesos internos que les dan sentido(Maturana & Varela, 1984). Es decir, experimentamos el mundo dentro de nosotros, no hay algo así como una experiencia allí afuera que esté esperando ser vivida. La experiencia que los felinos tienen por las noches es diferente a cómo la experimentamos como seres humanos, principalmente porque nuestra biología experimenta la oscuridad de manera distinta a la de ellos. El ambiente, los objetos, las distancias, la cantidad de luz, los olores, los ruidos, son los mismos, pero la realidad experimentada por el felino es diferente a nuestra experiencia de la oscuridad.

Lenguaje

Apenas la información atraviesa los sentidos se topa con nuestro lenguaje. El lenguaje constituye el universo de conceptos lógicos que tenemos para catalogar aquello nos rodea.

Investigaciones recientes indican que los seres humanos somos capaces de observar y experimentar sólo aquellas cosas que existen en nuestro lenguaje. Por ejemplo, yo soy capaz de identificar un error en la codificación de una aplicación web, mientras que Daniela, mi esposa, ve una consecución de signos raros inentendibles. A su vez, ella comprende con facilidad noticias que contienen cierta terminología política o económica que yo prácticamente desconozco. Si bien ambos compartimos el español [o mejor, argentino] manejamos diferentes lenguajes específicos que nos permiten observar cosas distintas al estar mirando o escuchando lo mismo.

Cultura

Aquello que fuimos capaces de observar por medio de la biología y el lenguaje, ahora se encuentra con el filtro cultural. La cultura es la forma en la que hacemos las cosas aquí para ser exitosos (Schneider,

2000). La cultura es el modelo mental colectivo que tomó forma a partir de experiencias de aprendizajes de todos. Puede ser tanto de una familia, como de un grupo de amigos, de un equipo de trabajo, como del departamento de Marketing, de una organización entera, de un país, etc. Frases tales como "aquí no levantamos la voz", "aquí buscamos que todos participen", "aquí el cliente siempre tiene razón", "aquí se respetan la jerarquía", "aquí nos importan las personas", revelan premisas culturales. Estas premisas culturales muchas veces son referenciadas como el sentido común o prácticas sociales que se tornan transparentes a nuestros ojos: olvidamos que las tenemos y suponemos que todos comparten los mismos valores.

Historia Personal

Mi familia nuclear, las maestras de mi kínder, mis compañeros de colegio y de la universidad, los vecinos del barrio en el que crecí, los amigos con los que salía a tomar unas copas han ido dejando huellas en mi memoria. Esas huellas personales son el cuarto componente del modelo mental. A partir de las experiencias del pasado se van forjando nuestros propios juicios maestros que son "calcos del alma de una persona" (Echeverría & Olalla, 1992). Estos juicios anclan en lo más profundo de la conciencia, determinan y condicionan la manera en la que actuamos. Frases tales como: "¡Esto no lo puedo permitir, me va a escuchar!", "si la vida te castiga, ponle la otra mejilla", "yo trabajo para vivir, no vivo para trabajar", "¡el del automóvil de atrás me está haciendo luces a mí! ¿Quién se cree que es?", dejan entrever el modelo mental condicionado por la historia personal de cada uno.

En síntesis, la biología, el lenguaje, la cultura y la historia personal dan forma a nuestros modelos mentales y, desde ese lugar, creamos y vivimos nuestra propia realidad. Realidad que probablemente será diferente a la de nuestros colegas de trabajo, pareja y amigos.

Opiniones

A diferencia de las afirmaciones, una *opinión* es un juicio de valor, es una afirmación sobre la experiencia interna de cada uno de nosotros.

Si bien es posible modificar las opiniones, no es posible decir que sean verdaderas o falsas, en tanto se refieren a la forma en que las personas ven el mundo.

Al opinar una persona declara cuál es su posición frente a aquello que le rodea, por ejemplo: "esta oficina es fea", "Mariano es un irresponsable, siempre llega tarde", "Alberto es un muy buen cliente", "ese error que cometió es muy tonto".

Algo que me resulta muy interesante es que las opiniones que tengo de mis amigos, mis vecinos, mi trabajo, mi jefe, mi familia, mi pareja, pueden incrementar o reducir las posibilidades de acción que tengo en relación con lo que me pasa.

Efectividad

Tanto las afirmaciones como las opiniones pueden o no ser efectivas.

Una **afirmación es efectiva** (Kofman, 2001) si cumple con las siguientes características:

1. Verdadera

Las palabras utilizadas en la afirmación se ajustan al mundo capturado con los sentidos. Si bien puede parecer obvio, siempre es bueno recordar que en un ambiente saludable las afirmaciones son verdaderas y no hay lugar para las mentiras ni ocultamientos.

2. Experimentable

Ante una contradicción entre afirmaciones, se puede recurrir a la experiencia. Imaginemos dos miembros de un equipo discutiendo si determinada práctica puede a optimizar el uso del tiempo. La contradicción existe sólo antes de la experimentación. Entonces, en lugar de quedarse en la teoría, lo más eficiente es pasar a la acción y, una vez probada, ya no habrá contradicciones. En pocas pablaras: es fundamental experimentar y validar los supuestos.

· · ·

3. Relevante

Para describir esta condición, hagamos el siguiente ejercicio: levanta la vista, y gira lentamente tu cabeza de izquierda a derecha mirando tu entorno a medida que realizas el movimiento. Luego mira al frente, detente unos segundos y finalmente mira hacia atrás. ¿Cuántas afirmaciones has realizado mientras realizabas estos movimientos y mirabas a tu alrededor?

Debido a esta condición natural de observador, realizamos infinidad de afirmaciones y nuestra mente selecciona las que considera relevantes. Ahora bien ¿relevantes para mí o para ti?, porque al ser la condición de relevante una opinión, lo que para mí es relevante, no necesariamente lo sea para ti.

Por esta razón, ante las mismas situaciones es probable que seleccionemos diferentes cosas. Cuando incorporemos que la relevancia es una opinión personal, nos comunicarnos más efectivamente.

4. Sentido compartido

El sentido de una afirmación existe dentro del grupo cultural que previamente consensuó su significado. Médicos, mecánicos, informáticos, diseñadores, todos tienen afirmaciones con sentido compartido además de aquellas que pertenecen a la sociedad más amplia. De la misma manera, cada sub-cultura tiene sus propias afirmaciones con sus sentidos propios. Un ejemplo personal que ilustra esto es la palabra "ahora". Cuando estoy facilitando talleres, yo utilizo mucho la afirmación "ahora", por ejemplo, "ahora los invito a ponerse de pie", "ahora vamos a realizar un ejercicio", "ahora vamos a hacer un receso", etc.

Algo curioso que me ha sucedido es que, en Colombia, cuando decía "ahora los invito a ponerse de pie", todos se quedaban sentados mirándome, cuando la idea era que todos se pusieran de pie en ese preciso instante. Entonces les decía "¡vamos, vamos!". Hasta que un día me dijeron: "si quieres que algo suceda en este preciso momento, debes decir "ahorita" porque "ahora", en Colombia, significa dentro de un rato. La mayoría de los problemas de comunicación aparecen cuando damos por supuesto que el otro le otorga el mismo sentido que yo a una afirmación. Algo que se solucionaría rápidamente si aclaráramos el sentido que le daremos a un término o afirmación.

5. Fomenta el aprendizaje

Si sobre una misma situación tú y yo hacemos observaciones diferentes, tenemos una gran oportunidad de aprendizaje mutuo sobre nuestra forma de percibir el mundo. Profundizar en esas diferencias y entenderlas cada vez mejor, en lugar de ignorarlas, nos permitirá interactuar mucho mejor como equipo.

Por otro lado, **una opinión es efectiva** si cumple con las siguientes características:

1. Válida

La validez de una opinión está directamente relacionada con la autoridad que tiene la persona que emite la opinión. Por ejemplo: el agente de tránsito tiene la autoridad delegada y está autorizado a emitir su opinión sobre las infracciones de tránsito cometidas; un sacerdote está autorizado a emitir su opinión sobre la confesión de un feligrés; nuestro cliente, sea externo o interno, está autorizado a evaluar los resultados del equipo.

A su vez, estas mismas personas, en un contexto y ámbito de competencia en el que carecen de autoridad, estarían emitiendo opiniones inválidas.

2. Fundada

Toda opinión debe estar respaldada por datos observables que la fundamenten.

Cuando Silvia dice que la aplicación entregada por el equipo de Mara es un desastre, puede fundamentar esta opinión con datos concretos y observables, por ejemplo: la aplicación no da la opción de recuperar la contraseña, el menú ahora aparece en un lugar diferente a la última vez que vio la aplicación, para llegar a un reporte hay que hacer más de 5 clics. En este caso, Mara podrá estar en desacuerdo con el razonamiento que Silvia hace para llegar a su opinión, pero no podrá negar los datos concretos observables.

3. Basada en algún estándar

Al emitir una opinión sobre algo, lo que se hace es aplicar una operación cognitiva que compara las propias observaciones contra ciertos estándares que se tienen. Cuando alguien dice "hace frío", está comparando la temperatura que dice el servicio meteorológico contra aquella temperatura a partir de la cual siente frío. Siempre que la primera esté por debajo de la segunda, para esa persona hará frío. Cabe destacar que no todas las personas tienen el mismo estándar de comparación. Por esta razón, mientras alguien siente frío, otro puede no hacerlo.

Cuando Silvia dice que la aplicación es un desastre, la está comparando con sus propios estándares referidos a qué es una buena aplicación. Comunicar estos estándares a tiempo puede ayudar a entender la razón por la cual se está emitiendo cierta opinión. Inclusive, hasta puede ser revelador para la persona que está expresando la opinión.

Muchas veces se emiten opiniones automáticas sin ser conscientes de los estándares contra los que se comparan los hechos. Al explicitar estos estándares, es posible que, en algunos casos, nos demos cuenta de que son inconsistentes con la opinión expresada.

4. Accionable

Las opiniones se apoyan en observaciones del pasado para proyectar posibles acciones futuras. Por ejemplo, yo opino que cierta persona es muy colaborativa a partir de su involucramiento y de los comportamientos que observé durante un proyecto pasado, lo cual considero para decidir si quiero (o no) que sea parte del equipo en el que estoy trabajando ahora. Expresar una opinión sin que haya un curso de acción a futuro sugerido es dar una opinión irrelevante.

El peligro

El peligro radica en la dificultad para diferenciar una afirmación de una opinión. Esta dificultad puede llevar a situaciones con efectos contraproducentes para el equipo y la organización.

A continuación, se presentan algunas de estas situaciones.

1. Identidad débil

Consiste en no diferenciar las opiniones ajenas de las afirmaciones expresadas sobre uno mismo. En este caso, toda opinión de otra persona se convierte en un hecho. El peligro de esta situación es hacer todo lo posible para complacer a los demás aún cuando eso implique ir contra las propias creencias y valores.

2. Intolerancia

Esta situación es el extremo opuesto a la identidad desdibujada: "Yo tengo razón y los demás se equivocan. Quien no ve las cosas como yo las veo, está equivocado". Una persona con esta posición puede generar un clima de intolerancia y confrontación dentro de un equipo, por creer que sus opiniones son afirmaciones.

3. Frustración

La frustración emerge cuando no logramos diferenciar las opiniones con fundamento de las opiniones sin fundamento, sean propias o ajenas. Por ejemplo: "Las cosas nunca resultan como yo quiero"; "vivimos repitiendo las mismas formas de trabajo una y otra vez, esperando resultados diferentes".

Como nada cambia, nos frustramos. Y con la frustración, se pierde la oportunidad de analizarnos y rediseñarnos. Parecería que la suerte nunca está de nuestro lado.

Por ejemplo, en una conversación con un compañero de trabajo con quien discrepamos en nuestras opiniones: ¿somos conscientes de que son simplemente opiniones? Si escuchamos un comentario negativo sobre un trabajo que realizamos, ¿podemos diferenciar entre afirmaciones y opiniones?

La regla de oro con respecto a las opiniones es: las opiniones hablan más de quienes las emiten que de los objetos sobre los cales se opina.

Pero, yo estoy en lo cierto

No implica nada malo que cada uno tenga sus supuestos y opiniones. El problema es creer que la propia forma de ver las cosas es la única correcta como si la verdad tuviera dueño. Quien se aferra al paradigma "yo estoy en lo cierto" corre el riesgo de pasar gran parte de su tiempo demostrando lo equivocados que están aquellos que ven el mundo de manera distinta.

Mis opiniones negativas o descalificadoras hacia puntos de vista diferentes a los míos son los mecanismos de defensa de mi modelo mental.

Convencer al otro de tus razones no te da la razón.

Pero ¡realmente es así!

Si tuviera que elegir una frase que resuma todo lo expuesto hasta ahora, sería esto: **somos incapaces de percibir la realidad tal cuál es. Cada uno de nosotros hacemos lo que podemos y vivimos en nuestra propia realidad.**

Esta visión puede chocar con frases tales como: "Así no vas a lograr nada, *realmente* debes decirle a Juan que te ayude" o "Esto es todo muy lindo en la teoría, pero en la *realidad* no funciona".

La palabra *realmente* o la referencia a la realidad para expresar nuestro punto de vista es un recurso retórico que llama a la obediencia del otro para que, quien ve las cosas de una forma diferente a nosotros, deje de hacerlo y adopte nuestro propio modelo mental (Maturana & Varela, 1984). Un ejemplo puede ser un gerente que le dice a sus colaboradores que ha hablado con el cliente y *realmente* hay que entregar los cambios para el lunes, en lugar de reconocer que por más que se esforzó no pudo negociar otra fecha o que él quiere que se entregue el lunes y punto. Otro ejemplo puede ser un empleado que dice que *realmente* es imposible hacer algo para una determinada fecha, en lugar de decir que él no encuentra la manera de lograrlo.

Yo suelo observarlos en los talleres de Scrum, cuando algún participante dice que, en su trabajo, *realmente* no se puede trabajar así, en vez de decir que, en ese momento, aún no encuentra la forma de generar el cambio cultural que ello implica.

A continuación, comparto algunas preguntas que pueden ayudar a reflexionar sobre este tema:

- Cuando alguien no opina igual que tú, ¿qué camino eliges? ¿Te preocupas por que entienda lo equivocado que está o aceptas que los otros vean las cosas según sus propios modelos mentales?
- ¿Te preocupas por explorar otras alternativas a la forma en la que tú estás viendo el mundo?
- Con respecto al equipo con el que trabajas, ¿Se dan situaciones en las cuales los miembros discuten para ver quién tiene la razón? ¿Qué sucede en esas conversaciones? ¿Cuál es la emoción que las domina?

Estas preguntas te ayudarán para generar un contexto más inclusivo en los ámbitos en los que te desempeñas.

Para Reflexionar

A continuación te dejo algunas preguntas para que te hagas.

1. *¿Cómo crees que el uso que haces del lenguaje genera confianza o desconfianza en tus relaciones profesionales?*

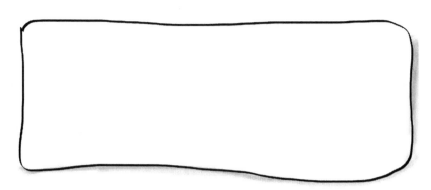

2 . ¿Cómo te llevas con tus propios "habría que", "tendríamos que" y/o "deberíamos"?

3 . ¿Qué consecuencias o riesgos podrías identificar en situaciones en las que las personas no diferencian opiniones de observaciones?

4. *¿Qué consecuencias o riesgos podrías identificar en situaciones en las que las personas o los equipos transitan sus días basándose pura y exclusivamente en las opiniones de los demás (jefes, clientes, compañeros, etc.)?*

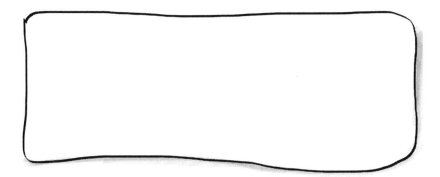

5. *¿Qué consecuencias o riesgos podrías encontrar en situaciones en las que las personas o los equipos no prestan atención alguna a las opiniones de los demás (jefes, clientes, compañeros, etc.)?*

Para Practicar

Te propongo que hagas esta práctica en la próxima reunión de equipo que tengas. Puede ser una reunión de planificación, de revisión o una retrospectiva. Durante la misma, tendrás dos tareas:

- Observar e identificar en el uso del lenguaje de los integrantes del equipo, todos los conceptos tratados en este capítulo. Por ejemplo, observa si utilizan opiniones como si fueran observaciones / afirmaciones y si se a manifiestan los peligros en el uso del lenguaje.
- Ayudar al equipo a moverse de un uso descriptivo del lenguaje a un uso generativo. Por ejemplo, si escuchas descripciones del tipo "habría qué", "deberíamos", "tendríamos qué", puedes acompañar al equipo a realizar declaraciones del tipo "voy a", 'vamos a" etc.

Una vez hayas participado en la reunión elegida, te invito a formularte y, si quieres, responder las siguientes preguntas:

1 . *¿Qué reunión observaste y en qué contexto sucedió?*

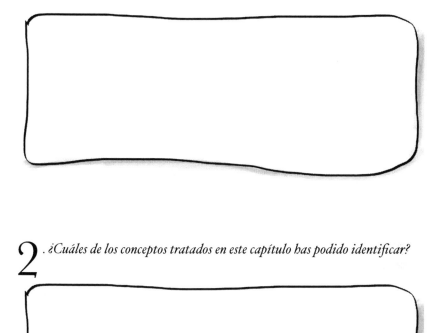

2 . ¿Cuáles de los conceptos tratados en este capítulo has podido identificar?

3 . ¿Cómo fue la experiencia de proponer pasar de una conversación basada en un uso descriptivo del lenguaje a una conversación basada en el lenguaje generativo?

6

INTERPRETACIONES

Tu realidad es la suma de los hechos más tus interpretaciones

Te invito a hacer un ejercicio en el que te propongo dejarte llevar por el siguiente relato.

Te tiemblan las piernas por haber subido corriendo los tres pisos por escaleras que separan tu puesto de trabajo de la sala grande de reunión.

Sabes que llegas tarde. La reunión debió haber comenzado hace 15 minutos, pero te demoraste imprimiendo los nuevos planos que contienen los ajustes que hizo Daniel a último momento. Daniel te había enviado un mail pidiéndote que los imprimas cinco minutos antes del comienzo de la reunión.

Entras. Están los cuatro ejecutivos de la empresa que planea construir el nuevo complejo de oficinas en el área del Nuevo Puerto, un proyecto en el que vienes trabajando desde hace cuatro meses.

Frente a ellos están Daniel, el director del proyecto, y Camila, la especialista en urbanismo. Cuando abres la puerta ves que todos están riendo por algo. Apenas te ven entrar hacen silencio y dirigen su mirada hacia ti, expresando algo de seriedad en sus rostros. Daniel te mira y te dice: "¿ya podemos comenzar?".

Sin responder, sigues caminando y te sientas en una de las sillas vacías de la sala. Mientras extiendes los planos sobre la mesa te vienen varios pensamientos a la cabeza con respecto al comportamiento de Daniel.

¿Qué opinas sobre el comportamiento de Daniel?

Para responder a esta pregunta has transitado, en un instante, por algo conocido como *La Escalera de Inferencias* (Senge, 1990).

Las inferencias

Si estás en una estación y llega un tren, seguramente asumirás que cuando arranque nuevamente, lo va a hacer respetando el sentido en el que llegó. Cuando ingresas a una vivienda, asumes que saldrás por la misma puerta. Cuando tu nuevo gerente te pide que envíes un correo, asumes que habla de un e-mail.

Las inferencias son nuestras interpretaciones automáticas de los hechos, nos ayudan a ahorrar tiempo y energía. Determinan la manera en la que vemos el mundo, la forma en la que interpretamos nuestras observaciones y, por consiguiente, la forma en la que actuamos.

La escalera de inferencias

Revisemos en más detalle la escalera de inferencias a partir del ejemplo anterior:

Peldaño Invisible

Todo comienza con los hechos observables de la realidad. Este peldaño es completamente invisible, dado que, como hemos comentado anteriormente, somos incapaces de acceder a esa realidad objetiva que nos rodea.

Nos limitamos a listar sólo algunos hechos relevantes, por ejemplo: subiste corriendo, había cuatro ejecutivos, el pedido de impresión te llegó cinco minutos antes del comienzo de la reunión, llegaste a la reunión 15 minutos pasada la hora de comienzo, Daniel y Camila estaban presentes. Cuando entraste estaban riendo, tan pronto te vieron hicieron silencio, te miraron, Daniel te preguntó "¿Ya podemos comenzar?"

Peldaño 1: Distingues ciertos datos

Al mismo tiempo que observas, **seleccionas ciertos datos** que para ti son relevantes, destacándolos del resto: corres, el pedido de impresión te llegó cinco minutos antes del comienzo de la reunión, estaban riendo, hicieron silencio cuando te vieron, Daniel te preguntó "¿ya podemos comenzar?". Esta selección está condicionada por un modelo mental.

Peldaño 2: Das Sentido a los datos

A los hechos observables seleccionados les **das** tus **sentidos** propios (una coherencia solo tuya) en base a tu modelo mental (biología, lenguaje, cultura e historia personal): el pedido de impresión fue a "último momento", llegaste "tarde", se reían (¿de ti?), te miraron serios y Daniel hizo una pregunta haciendo referencia a tu impuntualidad.

Peldaño 3: Opinas

Inmediatamente emites **opiniones**, por ejemplo: el pedido de impresión a último momento es una irresponsabilidad de parte de Daniel, llegaste tarde por su culpa, se reían de ti irrespetuosamente, te miraron serios porque llegaste tarde y Daniel hizo una pregunta sarcástica. Ya tienes tu versión de lo sucedido.

Peldaño 4: Explicas

Ahora debes darle un sentido a tu versión de lo sucedido, entonces la **explicas**, por ejemplo: Daniel hace esto *porque* está celoso de mí y no quiere que yo me destaque. Tiene miedo de que le quite el puesto.

Peldaño 5: Emocionas

A todo esto, le sigue una **emoción**, por ejemplo: te enojas con Daniel.

Peldaño 6: Decides

Adoptas una **predisposición** para hacer las cosas, basada en la emoción del enojo:" la próxima vez no se lo voy a imprimir, no sólo eso, ya me voy a vengar."

Sea cual sea tu inferencia sobre la situación narrada al comienzo, no pasa por ser correcta o incorrecta. La importantancia de las inferencias radica en qué tan contraproducente es para la toma de decisiones. Si el resultado de tus inferencias es limitante (en este caso, que Daniel es una mala persona y te genera un sentimiento de bronca), entonces sería bueno, antes de avanzar, detenerte y analizar la forma en la que te desplazaste por la escalera de inferencias, para evitar tomar una decisión en piloto automático.

Cada uno con su escalera

Los modelos mentales rigen nuestro comportamiento y subir por la escalera de inferencias es parte de nuestro comportamiento.

Mi modelo mental es el que guía mis observaciones, mi selección, mis opiniones, mis articulaciones (dar sentido a las situaciones), mis emociones, mis conclusiones y mis decisiones.

En el modelo mental existen juicios maestros y sus derivados, que nos permiten interpretar, de diferente manera que otros, los mismos hechos. Es "un **menú interpretativo** de situaciones típicas que usamos para entender lo que observamos"(Kofman, 2001).

Si un gerente piensa [juicio] que no es efectivo exponiendo, cuando una persona bostece en medio de su charla pensará que esta persona se está aburriendo. Frente a la misma situación, otra persona que cree que en esta empresa se trabaja duro, pensará que quien bostezó lo hizo porque está cansado y no por aburrido.

La toma de decisiones que se realiza en base a las conclusiones de nuestras inferencias, y que es la base para nuestro accionar, también se ve afectada por nuestro modelo mental. Por ejemplo, te cuento algo que me ha pasado hace poco: me encontraba tomando un café con un socio, se planteó un caso hipotético de negocio y ambos coincidimos en que debíamos aumentar los márgenes de ganancias. Compartimos las mismas observaciones y el mismo juicio de necesidad. Pero ambos concluimos que el camino más efectivo era diferente: yo propuse que había que aumentar las ventas porque el costo fijo se vería de esa forma licuado y él opinó que había que bajar los costos sin necesidad de incrementar las ventas. Ambos caminos aumentan la rentabilidad, pero él y yo operamos con juicios maestros diferentes.

Para reflexionar

Te propongo que dediques unos minutos a reflexionar sobre el tema tratado en este capítulo.

Cuando te encuentres en lo más alto de tu escalera de inferencias y con un resultado que no te satisface, recuerda que puedes **bajar peldaño a peldaño** (es decir recorrer el cuadro al revés) para que tanto tú como los otros, puedan entender el proceso lógico y las interpretaciones y opiniones que te llevaron por el camino que hayas recorrido.

Entre todos se podrán involucrar en ese proceso de exploración. De esa forma, lograrán construir un pensamiento colectivo compartido y, tal vez, modificar el resultado.

Es importante aceptar que, aunque el resultado obtenido no nos guste, somos responsables de haberlo generado.

Aunque el resultado obtenido no nos guste, somos responsables de haberlo generado.

Una vez que somos capaces de tomar responsabilidad y reconocernos como parte de lo que nos sucede, es posible comenzar con la reflexión.

Ahora recuerda una situación que te ha provocado desagrado. Aquí te comparto algunas preguntas para que te hagas y, si quieres, también respondas en las cajas de texto.

1. *Comencemos por el **peldaño nro. 1**:*

De la historia que vimos al principio, ¿qué datos seleccionaste y cuáles perdiste de vista o ignoraste?

¿Qué explicaciones podrías obtener de los demás sobre esos datos que has ignorado?

2. **Peldaño nro. 2**. *Analiza el proceso lógico que utilizaste para darle significado a esos datos.*

¿Qué descubres sobre tu modelo mental?

¿Y qué descubres sobre el modelo mental de los otros?

No lo olvides: ¡todos tenemos razón!

3. **Peldaño nro. 3**. *Identifica tus opiniones durante la situación. ¿Cuáles fueron?*

Haz el ejercicio de fundamentar esas opiniones en busca de inconsistencias o automatismos.

Trata de diferenciar tus opiniones de los hechos concretos y observables.

¿Qué observaciones pudiste diferenciar de tus opiniones?

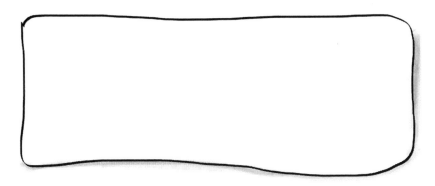

4. *. Sube al* **peldaño nro. 4**. *Ahora allí, puedes aceptar que tu explicación de los hechos y opiniones es sólo eso: tu propia explicación. Trata de ser permeable a otras explicaciones, aunque sean diferentes a la tuya.*

¿Qué otras explicaciones podrían existir?

5. En el **peldaño nro. 5**, analiza cuál es tu emoción principal.

¿Qué emoción pudiste identificar?

6. Finalmente, revisa tu conclusión, tu decisión y tu predisposición a la acción. Para alcanzar el **peldaño nro. 6** es fundamental darte cuenta del proceso que te llevó allí y asumir la propia responsabilidad.

¿Con qué predisposición quedaste luego de haber experimentado la situación y haber sentido la emoción que identificaste en el punto anterior?

Para Practicar

Te propongo que aproveches una situación en la cual, un miembro del equipo con el que trabajas o el equipo completo, se encuentre frente a una circunstancia o hecho que no esperaba o no le satisface.

Puedes utilizar esta **guía paso a paso para acompañar a esta persona o al equipo a transitar su escalera de inferencias**, detectar las interpretaciones que no están ayudando y qué otras nuevas interpretaciones necesita/n para resolver esa situación en un sentido liberador:

Peldaño: 1. Observar

Preguntas:

1. ¿Cuáles fueron los datos seleccionados?
2. ¿Cuáles fueron los datos ignorados?
3. ¿Qué explicaciones podrían dar los otros sobre los datos ignorados?

Objetivos:

- Revelar los datos que pudieron ignorarse.
- Construir una imagen más amplia de lo observado.
- Expandir el punto de vista.

Peldaño: 2. Dar sentido

Preguntas:

1. ¿Qué puede la persona o equipo descubrir sobre su modelo mental?
2. ¿Qué puede la persona o equipo descubrir sobre el modelo mental de los otros?

Objetivos:

- Analizar el proceso lógico que ha utilizado la persona o el equipo para dar significado a los datos observados.

Peldaño: 3. Opinar

Preguntas:

1. ¿Qué opiniones puede/n distinguir que tuvo/tuvieron sobre la observación?
2. ¿Cuál es el fundamento de esas opiniones?
3. ¿Qué observaciones puede/n diferenciar de sus opiniones?

Objetivos:

- Identifica las opiniones realizadas.
- Hacer el ejercicio de fundamentar esas opiniones en busca de inconsistencias o automatismos.
- Diferenciar las opiniones de los hechos concretos.

Peldaño: 4. Explicar

Preguntas:

1. ¿Qué explicaciones encuentra/n para lo acontecido?
2. ¿Qué otras explicaciones podrían existir?

Objetivos:

- Reconocer que su explicación son sólo eso: sus propias explicaciones.
- Ejercitar ser permeable a otras explicaciones, aunque sean diferentes a las propias.

Peldaño: 5. Emocionar

Preguntas:

1. ¿Qué emoción propia puede/n identificar en la situación?

Objetivos:

- Identificar y analizar sus emociones.

Peldaño: 6. Decidir

Preguntas:

1. ¿Con qué predisposición quedaron luego de haber experimentado la situación y haber habitado la emoción identificada en el paso anterior?

Objetivos:

- Revisar su conclusión, su decisión y su predisposición a la acción.

Tomar responsabilidad.

Peldaño: 7. Reinterpretar

Preguntas:

Luego de haber transitado la escalera:

1. ¿Cuáles de las interpretaciones identificadas son las que limitan o no sirven?
2. ¿Qué nuevas interpretaciones pueden ayudar a cambiar el curso de acción?

Objetivos:

- Detectar las interpretaciones que no están ayudando.
- Identificar las nuevas interpretaciones que son necesarias para resolver la situación.

COORDINACIÓN

Pedidos y Ofertas

Mi abuelo Luis solía mirar TV en el living mientras mi abuela cocinaba. Se compenetraba tanto con lo que miraba que se abstraía del entorno. Cuando alguien tocaba timbre, por lo general él no se daba cuenta e inmediatamente yo escuchaba a mi abuela gritarle: "¡Luis, el timbre está sonando!!". Entonces, él se levantaba e iba a mirar quién había llegado.

Años más tarde, estaba trabajando en un proyecto de desarrollo y mantenimiento de un software de gestión. El software estaba instalado en varios clientes. Uno de ellos era Carpamatic S.A.[1], una fábrica y distribuidora de carpas de acampe. El año anterior, su contador había llevado los libros contables de manera errónea y, al finalizar el año fiscal, hubo que dedicar largas noches a ayudarlos para regenerar esos libros. Al año siguiente, una tarde de marzo, nuestro gerente se acercó y dijo: "hay un error en el alta de registro de venta en Carpamatic", dio media vuelta y se fue. Todos nos quedamos pensando "otra vez la misma historia, a fin de año vamos a tener que trabajar para ayudar al contador de Carpamatic porque está llevando mal los registros de ventas". Terminó el día y nos fuimos cada cual a su casa. Al día siguiente al llegar, nuestro gerente estaba que echaba fuego por las orejas. Nunca lo había visto tan enojado. Se acercó furioso y nos preguntó: "¿Quién me explica por qué no solucionaron el problema de Carpamatic ayer a la tarde?" A lo cual todos respondimos casi al unísono "¿Qué problema?". Mejor no te cuento la respuesta que obtuvimos.

Yo encuentro un patrón común entre mi abuela y el gerente. Ambos creían que decir lo que estaba pasando ("el timbre está sonando" o "hay un error en Carpamatic") era hacer un pedido. La diferencia es que a mi abuela le funcionaba porque ya había un acuerdo tácito con mi abuelo según el cual "está sonando el timbre" significaba "¿Puedes ir a ver quién toca?". Pero entre el gerente y nuestro equipo no había ningún tipo de acuerdo por el estilo.

Habitualmente, esta clase de situaciones pasan desapercibidas en los equipos de trabajo e ignoramos lo contraproducente que es confundir afirmaciones con pedidos. Cuán diferente hubiese sido si nuestro gerente hubiese hecho un pedido efectivo: "Necesito que corrijan el error que está ocurriendo en Carpamatic esta misma tarde, ¿quién puede resolverlo?".

Pedidos efectivos

A continuación, presentaré las características que hacen a los pedidos efectivos. Para ello voy a utilizar ejemplos de situaciones en las que se realizan pedidos a los cuales estamos acostumbrados, y que sería importante profundizar y aclarar.

¿Quién lo pide?

Es extraño pensar que un pedido no lo hace alguien. Sin embargo, es muy habitual escuchar pedidos como, por ejemplo: "se requiere que se complete el formulario 18", "nos piden que nos contactemos con el cliente", "se solicitó que enviemos la presentación anticipadamente". Ahora bien, si no hay un requirente claro, ¿quién determinará si estoy haciendo lo esperado? ¿Con quién puedo indagar las condiciones de satisfacción del pedido?

¿A quién se le pide?

Otro pedido extraño es aquel que no tiene un destinatario claro. Así y todo, en trabajo cotidiano escucho montones de pedidos del estilo "¿alguien puede ordenar la sala?" o "¿alguien que saque las fotocopias?". Si el pedido no está dirigido a alguien en particular, ¿cómo puedo esperar que haya una persona que se haga cargo de este?

¿Qué se espera?

La semana pasada estaba llegando a un almuerzo y me dispuse a estacionar el automóvil. Quien cuidaba el lugar me dijo: "Llévalo allá, al final de la fila". Me dirigí hasta allí, lo estacioné y bajé. Inmediatamente veo que esta persona se acerca (medio enojado) y me dice: "Nooo... ¡ponelo de culata!" (Parquear de culata en Argentina significa parquear en reversa). Y yo me pregunté "¿En qué momento me pidió que lo estacionara de esa manera?", entonces se lo pregunté y me respondió "No te dije, pero te tienes que dar cuenta".

Tan solo alcanza con prestar atención y podremos registrar la cantidad de pedidos en los cuales no se especifica qué es lo que se espera y se pretende que el destinatario se dé cuenta solo, como si tuviese poderes telepáticos. Lo curioso es que muchas veces me encuentro a mí mismo ante una persona que me hace un pedido de este tipo y caigo en la trampa de no indagar, inclusive sabiendo que esa persona es propensa al "date cuenta vos".

¿Para cuándo?

Hace unos años, un amigo me pidió que lo ayudara a presentar un plan de proyecto a una ONG. El pedido me llegó por mensaje de texto al celular, y decía algo así "Hola Martín, necesito presentar un proyecto en XXXX. ¿Me das una mano?". Le respondí inmediatamente: "Claro que sí, hablemos y coordinamos". Al día siguiente me llamó para que revisáramos el proyecto justo cuando yo estaba ocupado con un cliente. Mi amigo debía presentar el proyecto una hora más tarde y por supuesto no llegamos a revisarlo juntos.

¿Qué faltó en ese pedido?

Por un lado, faltó aclarar que necesitaba la ayuda para el día siguiente y, por el otro, indagar cuándo era la fecha límite. Tan importante como especificar qué se espera es indicar para cuándo se espera.

¿Fue aceptado?

Esta, creo yo, es la característica más olvidada en los pedidos.

Hay personas que, con el simple hecho de enviar un e-mail un mensaje de texto o dejar una nota en un escritorio, dan por sentado que la contraparte aceptó su pedido.

Este tipo de supuestos suele llevar a malentendidos que bien podrían evitarse si se espera o se le pide aceptación explícita al destinatario del pedido.

Acerca del no pedir

Una mañana, mi amigo Gabriel nos dio una sorpresa: ¡estaba internado por un cuadro de stress laboral!

Él es una de esas personas que trabaja hasta tarde, desde la casa, desde el celular, en la oficina y algunos fines de semana. Una vez le pregunté "¿cuántas cosas que vos haces las podría hacer algún compañero de equipo?" Sus respuestas fueron de las más variadas: "hay muchas cosas que me siento más cómodo haciéndolas yo", "están con otras cosas, mejor no los voy a molestar", "hay algunas cosas con las que no creo que me quieran dar una mano", y así podríamos haber seguido enumerando razones para no pedir.

Así como Gabriel, conozco a otras personas que no piden. Y no lo hacen por miedo a que no las ayuden, porque no confían, porque no se sienten merecedoras de ayuda o porque no pueden aceptar que necesitan ayuda. No piden porque les cuesta aceptar que algo sea hecho diferente a como ellos lo harían.

Para pedir ayuda, antes es necesario aceptar nuestra vulnerabilidad.

Para pedir ayuda, antes es necesario aceptar nuestra vulnerabilidad. Es decir, reconocer que hay cosas que no podemos hacer y que no podemos controlar. Y hasta que no se acepta esto, muchas personas siguen caminando como supuestos superhéroes y mujeres maravilla.

Acerca del no ofrecer

La contraparte de los pedidos son las ofertas.

Al hacer una oferta, al igual de los pedidos, es importante tener claro qué es lo que se ofrece, qué parte de lo que el otro necesita se cubre con esa oferta y para cuándo se lo ofrece. Más importante aún es que la oferta realmente exista. Ya con esto se estará generando una diferencia significativa en el entorno.

Encuentro muchos equipos en los cuales los miembros se *encanutan* sus habilidades, no las comparten, no ofrecen ayuda, por ejemplo: "Yo soy el cajero, y ese tema es un problema de los repositores".

La punta del iceberg de la falta de compromiso es no ser oferta para los otros ni para el equipo. La base para generar relaciones valiosas y duraderas es ser oferta para los demás, ser de ayuda, brindar asistencia, generar valor en otras personas, compartir el saber y el saber hacer.

Compromiso

Juancho era un amigo de la infancia. Nos juntábamos a cenar con amigos el primer martes de cada mes. Íbamos rotando de casa en casa, al igual que quien compraba la bebida. Cada vez que le tocaba traer la bebida a Juancho, alguno de nosotros compraba la bebida por las dudas. Generalmente acertábamos, Juancho nunca cumplía: que no había tenido tiempo de comprar, que no había conseguido, que se había olvidado y montones de otras razones.

He visto que en el mundo del trabajo —y en la vida en general— esta situación se da con tanta frecuencia que, a mi parecer, merece que lo traigamos a la superficie y conversemos un poco al respecto.

¿Quién no conoce casos propios o ajenos de personas que olvidan llamar a quien habían prometido hacerlo o, incluso, no mandan el e-mail que habían prometido enviar? Basta con tomarnos unos minutos para reflexionar sobre nuestra jornada laboral y seguramente encontraremos más ejemplos. A veces podemos pensar "si no lo hago no pasa nada" o "sucedieron cosas que se interpusieron". Puede ser fácil encontrar, al menos, una razón para no cumplir con algo con lo que nos habíamos comprometido o, al revés, para no recibir eso que nos habían prometido.

Los compromisos, como la luna, tienen dos caras.

Todas las situaciones mencionadas arriba, me han llevado a preguntar ¿qué nos pasa frente a los compromisos? Y me incluyo porque a mí también me pasa.

Pero aquí no se trata de hacer un descargo personal, sino de indagar acerca de cómo funcionan los compromisos y qué significa asumir uno. Ésta es una competencia relacional fundamental por los espacios de posibilidades propias y ajenas que se pueden crear a través de ellos o, por el contrario, cerrar, si no los tenemos en cuenta.

Los compromisos, como la luna,
tienen dos caras.

Los compromisos tienen dos caras porque para que haya un compromiso es necesario, al menos, alguien que se compromete y alguien que recibe (o no) el objeto del compromiso.

Hay un primer momento donde se origina un compromiso. Tanto los pedidos como las ofertas analizados en capítulos anteriores, son la semilla para la generación de acuerdos entre las personas. Cuando ofrezco algo y tú lo aceptas, entonces hay un compromiso que asumo contigo. A la inversa, cuando yo hago un pedido y tú lo tomas, entonces hay una promesa que asumes hacia mí.

Cabe aclarar que **sin aceptación no existe compromiso**. En el momento que aceptamos hacernos cargo de un pedido recibido, lo que queda es cumplir o incumplir ese compromiso. A la vez, es importante reconocer aquello a lo que dimos origen a partir de la aceptación. A través de nuestras acciones (u omisiones) estaremos construyendo a nuestra imagen pública.

Indagar sobre un pedido

Ahora te invito a ubicarnos en el instante previo a aceptar un pedido que nos han hecho.

¿Se trata sólo de decir que sí?

Muchas personas asumen compromisos sin antes **indagar cuáles son las expectativas** de quién hace el pedido. Este hecho puede dar lugar a malentendidos y a diferencias entre lo hecho y lo esperado. En los equipos de trabajo esto tiene un correlato especialmente perjudicial porque implica invertir más horas para rehacer aquello hecho de una manera que no era la esperada.

No suelo sentirme seguro de asumir un compromiso si el pedido no está del todo claro para mí. En esos casos, suelo hacer preguntas para conocer en qué consiste o cuáles son las expectativas sobre ese pedido antes de acordar hacerlo. De esta manera, me ahorro varios problemas.

Negociar las expectativas

Una vez que está claro lo que el otro espera, una posibilidad es que me dé cuenta de que no me resulta posible cumplir con esas expectativas. En este caso, la herramienta que tengo es la oferta. Es decir, puedo hacer una oferta alternativa, iniciando así una **negociación**.

Lamentablemente, puede suceder que la otra persona no quiera negociar al hacer el pedido y espera que se haga todo tal cual se pide o nada. Y, también puede suceder que alguien asuma el compromiso de hacer todo sin alternativa *alguna*.

Podemos imaginar cuáles serán los resultados en ambos casos.

Posponer un compromiso

Una situación que también pude suceder es que no pueda ocuparme de realizar inmediatamente las acciones comprometidas o para el momento en que se espera que lo haga.

En esos casos, pido **posponer el compromiso** hasta un momento en el que pueda realizarlo.

Es importante negociar esto con quien hace el pedido y dejar muy claro el momento o la fecha en la cual el compromiso asumido estará listo.

Rechazar un pedido

Una alternativa menos utilizada consiste en **rechazar el pedido**.

No es lo más habitual encontrar personas que se permitan rechazar un pedido. Lo que suele suceder es la aceptación del compromiso a sabiendas que no se podrá cumplir, pero con la esperanza de que la suerte acompañe.

También nos puede pasar encontrarnos con personas que no acepten el "no" a su pedido.

Ambas posturas —aceptar un compromiso sabiendo que no se podrá cumplir, como negarse a aceptar el no— contribuyen a un alto grado de incumplimiento de compromisos y es fuente de malentendidos.

¿Por qué cuesta tanto decir "no"?

Una posibilidad, creo, es que consideramos sólo el corto plazo y decimos que si para quedar bien en lo inmediato. En este caso, no vemos el largo plazo y la posible pérdida de confianza por no cumplir los compromisos asumidos.

Retomaré más adelante el papel que tiene cumplir con los compromisos en la construcción de confianza con otros. Mientras tanto, podemos quedarnos con que existe la posibilidad de rechazar un pedido y, por lo tanto, podemos no asumir un compromiso que de antemano sabemos que no podremos cumplir.

Tampoco se trata de mostrar los dientes al decir que no, sino de saber emplear los modos correctos y dar una explicación con fundamento para que la otra persona entienda nuestra negativa y pueda reformular su pedido, si hubiera posibilidad.

"El decir no es una de las declaraciones más importantes que un individuo puede hacer. A través de ella asienta tanto su autonomía como su legitimidad como persona y, por lo tanto, es la declaración en la que, en mayor grado, comprometemos nuestra dignidad"
Rafael Echeverría, Ontología del Lenguaje, 1994

Incumplir los compromisos

Como lo expresé más arriba, los compromisos nacen a partir de la aceptación. La promesa de hacer algo implica que vendrá un segundo momento en que será necesario dar cuenta de la acción prometida.

Si esa acción no se realiza dentro de los tiempos esperados o no cumple con las expectativas de quien hizo el pedido, se quiebra el compromiso o promesa.

Nuestros actos tienen consecuencias en nuestras relaciones. No cumplir un compromiso genera inconvenientes en las relaciones interpersonales.

Según la manera en la que reaccionemos frente a esa situación podremos: hacernos cargo de ese problema para restablecer la relación, o justificarlo generando a mediano o largo plazo un malestar con los otros.

La expresión "hacernos cargo del incumplimiento", implica reconocer el no haber cumplido con lo prometido y ofrecer al otro un nuevo compromiso para subsanar los efectos del incumplimiento anterior. Es más efectivo si esto se hace antes de no cumplir. De esta manera, la otra persona tiene tiempo para tomar las medidas necesarias y anticiparse al acontecimiento.

La justificación (como lo hacía mi amigo Juancho) consiste en presentar las razones por las cuales no se cumplió (por ejemplo: "no tuve tiempo, me surgió otra cosa"), sin ofrecer una alternativa para subsanar lo que sea necesario. Justificarnos implica no hacerse cargo de la situación. Incumplir un compromiso implica no valorar al otro y, en el fondo, tampoco a uno mismo.

Responsabilidad

Te invito a realizar un experimento.

Toma un marcador y sostenlo en tu mano. Extiende horizontalmente el brazo con el que sostienes el marcador a la altura de tus hombros. Asegúrate que no haya nada entre el marcador que estás sosteniendo y el piso.

Ahora, suéltalo.

Seguramente el marcador ha caído e impactado contra el piso. ¿Qué hizo que el marcador cayera e impactara contra el piso?

Una respuesta posible es que ha caído por la fuerza de gravedad. Pero también hay otra respuesta: además de la fuerza de gravedad, el marcador ha caído porque lo has soltado.

Se puede identificar una diferencia entre las variables exógenas o circunstancias que están fuera de nuestro control, y las variables endógenas o acciones que podemos realizar para responder a las circunstancias (Kofman, 2001). Y aquí yace la diferencia entre el **equipo víctima** enfocado en las variables exógenas y que transita su realidad de manera pasiva, donde actúan fuerzas incontrolables de la naturaleza, y el **equipo protagonista**: generador, declarativo, activo, con capacidad de modificar la realidad que lo rodea y que suele responder "yo solté el marcador".

Con frecuencia, tengo la dicha de facilitar talleres sobre Scrum en diferentes ciudades de Latinoamérica y España. Más allá de cuál sea la ciudad, el mes del año o si el taller es privado o público, alguno de los participantes llega tarde.

Mientras ingresa, les dice a las personas con quienes comparte su mesa de trabajo: "¡Uy! disculpen mi retraso, pero ¡no se imaginan el tráfico que hay esta mañana!". Parece ser que la responsabilidad de su retraso es de todas las otras personas que, con sus automóviles, ocupaban el espacio por donde él tenía que pasar. ¿Quién tiene la responsabilidad? Los otros.

Esto mismo puede suceder en las reuniones donde se espera que el equipo entregue algo. Si no ha llegado a terminarlo, es probable escuchar diferentes justificaciones exógenas tales como: "es que Juan está de vacaciones", "el servidor se cayó durante dos días seguidos", "los requerimientos no fueron claros", etc.

Todas estas respuestas, si bien pueden ser tomadas como válidas, también son *limitantes* porque, a menos que los otros conductores de la ciudad decidan cambiar su comportamiento, que Juan decida volver de sus vacaciones, que el servidor no se caiga más, etc., etc., nada va a cambiar.

Así es como en muchos equipos de trabajo el mundo se mueve alrededor de la irresponsabilidad y tomando una postura de víctima donde la razón de todos los males está fuera de las personas del equipo: "el tiempo de la reunión diaria no alcanza", "hubo mucho para hacer", "el cliente no tuvo tiempo", etc.

El factor común es que nunca hay alguien responsable. En estos equipos es muy importante comenzar a hacerse cargo de los problemas. ¿Cómo? En principio, siendo parte y hablando en primera persona: "no manejamos bien el tiempo, por lo tanto, la reunión diaria no nos alcanza", "me comprometí a entregar muchas cosas", "no sé cómo hacer para que me respondan los e-mails".

> *Los equipos de trabajo exitosos se mueven*
> *alrededor de*
> *la responsabilidad,*
> *desde la postura*
> *del protagonista.*

Nuevamente, como dice Humberto Maturana: "Todo lo dicho es dicho por alguien". Lo importante no son las palabras que utilizo para decir lo que digo, sino la actitud o el pensamiento que ellas reflejan. Cuando me hago cargo de mis problemas, me incluyo en la situación y hablo en primera persona, asumo el rol del protagonista.

La víctima y el responsable

En el *best-seller The OZ Principle* (Hickman, Connors, & Smith, 1994), los autores presentan un modelo que ilustra el estado de responsabilidad en una organización. Este modelo también puede aplicarse a un área, un departamento o a un equipo de trabajo.

En principio imagina una línea horizontal, que ellos llaman "LA LÍNEA". Por debajo de LA LÍNEA sucede *the blaming game*, que podría traducirse como "juguemos a culpar". Por encima de LA LÍNEA están los pasos hacia la responsabilidad[2].

Cuando jugamos a buscar culpables, **debajo** de LA LÍNEA, los autores distinguen seis etapas del ciclo de la víctima:

1 . Ignorar o negar

Las personas pretenden no saber que hay un problema, no reconocen que el problema los afecta o, inclusive, deliberadamente lo niegan.

2 . No es mi trabajo

¿Cuántas veces has escuchado esta frase en alguna discusión?

Es la frase de cabecera de la persona que no toma responsabilidad y justifica la inacción (muchas veces, su propia inacción).

Esta excusa ganó legitimidad en la era de la especialización de las tareas y de las descripciones detalladas de los puestos de trabajo: las personas se pueden escudar en la descripción de su rol para justificar su falta de involucramiento más allá de sus fronteras, aun cuando el problema es claramente visible y tiene consecuencias que los afecta directamente.

Para estas personas los objetivos del equipo, área u organización no son importantes, lo que les resulta realmente importante es cumplir con la descripción del trabajo que les corresponde hacer.

3. Apuntar con el dedo

"Bueno, esto que sucedió no es mi culpa, deberían preguntarle al gerente de infraestructura."

En esta etapa del ciclo de la víctima, la persona trata de desprenderse de toda responsabilidad frente a los problemas y busca culpables a su alrededor, sean personas, departamentos o, inclusive, organizaciones completas.

4. Confusión: dime qué debo hacer

En esta etapa, la víctima alega confusión y falta de claridad para camuflar su irresponsabilidad. El razonamiento subyacente es: "si no soy capaz de comprender el problema, mucho menos seré capaz de hacer algo al respecto".

Otra cara del mismo comportamiento es solicitar instrucciones detalladas sobre lo que uno debe hacer, creyendo que, si esas acciones no generan el resultado esperado, no es su responsabilidad. De esta manera, se busca un culpable de manera anticipada.

5. Cúbrete el trasero

Se trata de inventar una gran historia frente a un hecho que no salió según lo esperado, creyendo, inclusive, dicha historia. Algunas de estas historias son fabricadas luego del hecho y otras son construidas anticipadamente, por las dudas, de que suceda algo malo.

Así es como esta costumbre se incrusta en el seno de la cultura organizacional, y entonces, se requiere todo bien documentado, se envían y guardan e-mails con el único propósito de cubrir el propio trasero si algo sale mal. Otras veces las personas juegan este juego evitando estar presentes en reuniones complicadas y en situaciones comprometidas.

6. Esperemos y veamos

En esta etapa las personas prefieren esperar y ver si un problema se soluciona solo y por arte de magia.

Los autores de The Oz Principle dicen, textualmente: "La etapa esperemos y veamos del ciclo de la víctima, a menudo se convierte en un pozo donde todas las soluciones posibles quedan ahogadas en un pantano de la inacción."

Por encima de LA LÍNEA transcurre un juego completamente diferente: **el juego de la responsabilidad**. Aquí es donde los autores utilizan el recurso de la metáfora, muy creativamente:

1. Reconócelo

Eo de Oz, el león pensaba que no posee coraje. El coraje es necesario para ver lo que hay que hacer en el equipo, departamento o empresa. Es importante poder dar un paso atrás y preguntarnos: ¿Qué es lo que nos está faltando?

2. Aduéñate

El Hombre de Hojalata pensaba que no tenía corazón.

Tener corazón es fundamental para adueñarnos de nuestra posición, tarea o proyecto y llevarlo a cabo hasta su finalización.

3. Resuélvelo

El espanta pájaros no creía que tuviera un cerebro.

El pensamiento crítico se necesita para resolver los problemas. La misma forma de pensar que nos metió en el problema, no nos sacará de él. Por eso, es importante cambiar nuestra forma de pensar.

4. Hazlo

Dorothy no sabía cómo volver a Kansas. Sin embargo, todo lo que tenía que hacer era hacerlo.

El último paso, hacerlo, demuestra que tenemos que estar constantemente en acción para poder ver resultados.

Nuestras elecciones

Hace unas semanas estaba acompañando a un equipo. Mi rol era facilitar una reunión periódica de autoevaluación y mejora del equipo y, a su vez, actuar como coach en aquellas situaciones que considerara necesario.

Una de las características que, en mi opinión, estaba muy presente en este equipo era la falta de responsabilidad: se quejaban de las llegadas tarde y seguían llegando tarde a las reuniones; se quejaban de la falta de preparación a la hora de reunirse para discutir algún tema y seguían sin preparar los temas; se quejaban de que las mejoras no se llevaban adelante y no hacían algo al respecto. En función de lo dicho más arriba, diría que estaban inmersos en el rol de la víctima.

A la media hora de haber comenzado, Ramiro, uno de los integrantes del equipo, recibe un correo electrónico en su teléfono y dice en voz alta: "les voy a pedir disculpas, pero en quince minutos tengo que ir a otra reunión".

Asombrado, porque habíamos acordado previamente una duración de dos horas para este encuentro, otro integrante, Juan Manuel, argumentó: "cómo que te vas si esta reunión es de dos horas, todavía nos queda una hora y media por delante." A lo que Ramiro le responde: "sí, lo sé, pero debo ir a una reunión que acaba de convocar uno de los clientes, por un inconveniente en una de las transacciones de seguimiento de stock".

Inmediatamente se me vinieron a la cabeza pasajes de *The Oz Principle*, de *Metamanagement* y de *The Advantage*[3]. Los tres libros, en diferente medida y desde diferentes lugares, hablan sobre el asumir la responsabilidad de lo que a uno le sucede, es decir: hacerse cargo.

¿Qué fue lo que me detonó este pensamiento?

Haber escuchado que Ramiro hablaba desde el **deber hacer**: "...en quince minutos **tengo que ir** a otra reunión...", "lo sé, pero **debo ir** a una reunión". Parecía no registrar su capacidad y libertad de elección. No es que Ramiro *tenga que* ir, sino que *elige* ir a esa reunión. Y, de hecho, eso no tiene nada de malo. Pasamos nuestros días haciendo cientos de elecciones. El problema, desde mi punto de vista, es no reconocer las elecciones como tales, sino considerarlas como deberes sobre los cuales no tenemos ninguna posibilidad de acción. En este caso, nos ubicamos, nuevamente, en el papel de la víctima.

Fred Kofman presenta en su libro *Metamanagement* dos modelos que ayudan a ilustrar estas situaciones:

1. ***Estímulo > Reacción***. Según este modelo, asumimos que nuestras acciones son consecuencia de lo que nos sucede. "Tengo que ausentarme [reacción] porque hay otra reunión con el cliente [estímulo]". En otras palabras: "no soy responsable de estar ausente [reacción]. Si esto molesta, moléstese con el cliente [estímulo], porque yo no tengo nada que ver".

Algo bastante común hoy en día es estar en una conversación con alguien y que esa persona responda un mensaje de texto en el celular. Habitualmente el interlocutor dice: "disculpa, me han escrito [estímulo], debo responder el mensaje [reacción]". El uso de la primera persona del singular 'yo' no está presente en este modelo. Entonces, "yo no soy responsable".

1. ***Información > Consciencia > Elección > Comportamiento***. Alineado con lo comentado previamente sobre la propuesta de Maturana y Varela, este modelo plantea que los estímulos externos son neutros, por eso los denomina *información*.

La información no nos lleva a hacer algo, simplemente notifica algo que está aconteciendo en nuestro entorno. A partir de esa información es que elegimos qué hacer en base a nuestro modelo mental. Por ejemplo: Ramiro elige ir a esa reunión a pesar de estar participando en otra, porque la considera más importante. Y nuevamente, eso no está mal. El problema es considerar esa elección como un deber.

¿Qué consigue Ramiro al decir "disculpen, pero en quince minutos tengo que ir a otra reunión"? La aceptación y aprobación del otro.

La culpa de no seguir participando en esta reunión es del cliente, no es suya. Sin embargo, al decir "disculpen, entiendo la importancia de esta reunión, pero hay un problema con un cliente, que considero más importante en este momento, aun sabiendo que debo interrumpir lo que estamos haciendo", puede parecer menos gentil e inocente, a la vez que estará asumiendo la responsabilidad de su elección.

Intencionalidad

La ICF hace hincapié en la responsabilidad del coach de mantener al cliente enfocado y con sus intenciones claras.

La habilidad de mantener la atención en lo que es importante para el cliente y dejarle la responsabilidad de acción, es una de las competencias fundamentales para la facilitación del aprendizaje y el alcance de los resultados.

Cuando estamos brindando coaching a un cliente (individuo, equipo u organización) lo acompañamos en establecer objetivos e intenciones claros, concientizar la dirección y el progreso, y mantener todo el tiempo la vista y atención en aquello que para él o ella es lo importante.

En este camino, se pueden encontrar individuos y equipos con mucho poder de acción y poco foco. Hacen mucho y en todas direcciones excepto en la dirección de sus intenciones. Aquí radica, en muchos casos, la falta de progreso que se ha tenido en esta dirección en el pasado, por ejemplo, construyendo una rutina defensiva para evitar enfrentarse a las acciones necesarias para progresar.

Por esta razón, es necesario que como coaches diferenciemos el progreso del movimiento. **Movernos** es hacer sin intención o sin respetar una en particular. Mientras que **progreso** es acercarnos al cumplimiento de los objetivos declarados.

El seguimiento, sesión tras sesión, de los compromisos que el cliente ha asumido previamente es una buena forma de visibilizar y transparentar este progreso. También implica preguntar por los obstáculos encontrados y analizarlos juntos.

Recordemos siempre que el responsable del progreso y de la disciplina para con los objetivos declarados es el cliente.

Para Reflexionar

Toma unos minutos y reflexiona sobre el tema tratado en este capítulo.

A continuación, comparto algunas preguntas para que te hagas y, si quieres, también respondas en las cajas abajo.

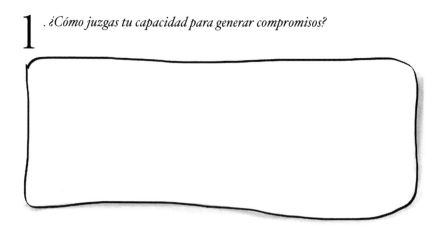

1 . *¿Cómo juzgas tu capacidad para generar compromisos?*

2 . *¿Cómo juzgas tu capacidad para honrarlos?*

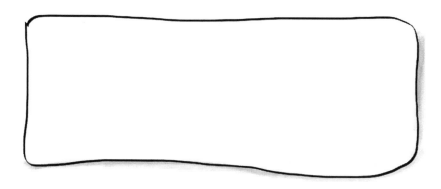

3 . *¿Cómo te llevas con respecto a los "tengo que", "debo", etc.? (Disfraces de víctima)*

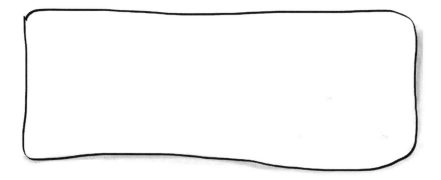

Para Practicar

Para realizar la práctica de este capítulo, te propongo acompañar por el camino de la responsabilidad a una persona que tú elijas. Para ello, utilizaremos dos juegos diferentes de preguntas[4].

El ejercicio es el siguiente:

Cuando una persona te cuente un problema para que lo ayudes a resolverlo, dile que vas a hacer un ejercicio y, si está de acuerdo en participar, le comentas: "Te haré una serie de preguntas sobre el problema que tienes. Una vez que haya terminado, te haré otra serie de preguntas sobre el mismo problema. Al finalizar, te propongo que me cuentes la diferencia que percibes entre la primera y segunda serie".

Realiza las siguientes preguntas, que tienden a despertar a la víctima:

1. ¿Qué te ha sucedido?
2. ¿Quién o qué te afectó negativamente?
3. Si es una **persona** (ej.: tu gerente, tu cliente, tu compañero):
4. ¿Qué te ha hecho esa persona?
5. ¿Qué debería haber hecho?
6. ¿Qué debería hacer para reparar el daño?
7. ¿Cómo te afecta que él/ella persista en su conducta/actitud?
8. Si es una **cosa** (ej.: la lluvia, el tráfico)
9. ¿Qué consecuencias te ha generado esa situación?
10. ¿Qué debería haber sucedido en ese momento?
11. ¿Qué debe suceder ahora para reparar el daño?
12. ¿Cómo te afecta que esa situación persista?
13. ¿Cómo te sientes en el lugar del **observador**?

Luego, dile que comenzarán desde cero, como si no hubiesen tenido ese intercambio de preguntas y respuestas.

Realiza la segunda serie de preguntas, que tienden a despertar la responsabilidad:

1. ¿A qué desafío te enfrentaste?
2. ¿Cuál era tu objetivo inicial?
3. ¿Qué respuesta elegiste frente a la situación que enfrentaste?
4. ¿Cuáles fueron las consecuencias negativas de tu elección?
5. ¿Se te ocurre alguna alternativa de acción que hubiera sido más efectiva para alcanzar tus objetivos?
6. ¿Hay algo que puedas hacer ahora para minimizar o reparar el daño de la situación original?
7. ¿Hay algún aprendizaje que puedas extraer de la experiencia que te ayude a ser más efectivo/a en el futuro?
8. ¿Cómo te sientes en el lugar del **protagonista**?

Finalmente, ten una conversación para que te cuente la diferencia percibida.

Puedes repetir este ejercicio tantas veces como quieras para internalizar las preguntas que despiertan la responsabilidad. Cuando te sientas cómoda/o con las preguntas de la segunda columna, intenta utilizarlas siempre que te planteen un problema.

1 . *¿Qué descubriste realizando esta actividad?*

8

APRENDIZAJE

Por las mañanas, mi abuela solía decirme: "Despiértate Martín, en este mundo debes estudiar mucho para llegar a ser alguien en el futuro. Ya vas a tener tiempo de descansar, ahora, es momento de aprender."

Presos de nuestro no-aprendizaje

Una idea a la que muchos de nosotros estuvimos expuestos desde chicos, es aquella que plantea que solo se aprende durante el primer periodo de nuestras vidas: comenzamos por el *kinder*, luego llega la escuela primaria, le sigue el bachillerato y, finalmente, la universidad.

Cuando egresamos de la universidad, se supone que nos hemos preparado lo suficiente para enfrentar los desafíos profesionales de manera exitosa. Llegados a este punto, hay quienes sienten la necesidad de seguir preparándose antes de enfrentar la carrera profesional y eligen hacer un posgrado inmediatamente después de haber concluido la carrera de grado.

Existen, en principio, dos cuestiones que me hacen ruido de esta creencia sobre el aprendizaje.

Por un lado, yo puedo leer durante años sobre física, sobre transmisión de fuerzas y fuerza centrífuga, sobre el funcionamiento del oído interno y los principios del equilibrio. Así y todo, esto no me habilita a montar en bicicleta.

Muchas veces se confunde el obtener información con el aprender y se puede caer en la trampa de la creencia que obteniendo información estamos aprendiendo algo.

Para aclarar este aspecto, **definiré al aprendizaje como la expansión de mi capacidad de acción efectiva**, o mejor dicho, **como la capacidad actual para hacer cosas de forma efectiva que antes no podía hacer**.

Por otro lado, retomando la diferencia entre afirmaciones y opiniones, propongo considerar al aprendizaje como una opinión, dado que la efectividad de esas nuevas acciones que ahora puedo efectuar está basada en un juicio. Es decir, alguien opina que yo aprendí, y ese alguien puedo ser, inclusive, yo mismo.

¿Qué criterios tendré en cuenta a la hora de emitir esa opinión?

Eso dependerá de cada uno. Hay quienes pueden opinar que he aprendido al escuchar cómo respondo una pregunta que antes no podía responder, o al verme ejecutar una acción de forma efectiva, como, por ejemplo, manejar un automóvil, cuando antes no podía hacerlo.

En decir, considero que aprendí cuando logro ejecutar efectivamente una acción que antes no podía, y lo puedo hacer recurrentemente, las veces que quiero.

Ahora bien, si considero que el hecho de *haber* aprendido es una opinión, estoy considerando también que el aprendizaje no es algo que está ahí afuera esperando ser medido objetivamente.

Y aquí es donde corremos el peligro de engañarnos a nosotros mismos al decir, por ejemplo: "no voy a desempeñarme como Product Owner hasta no haber aprendido lo suficiente", "no voy a utilizar ningún marco Ágil de trabajo hasta no tener 100% claro todo lo que debo hacer "y así podríamos seguir con una larga lista.

En definitiva, seguimos confirmando la creencia que primero hay que aprender todo para recién luego hacer algo, igual que mi abuela.

Cuando se confunde el obtener información con el aprender, lo que estamos haciendo es propiciar un contexto de *análisis-parálisis*[1].

Yo aprendo a nadar, nadando. Aprendo a hacer cosas nuevas, haciéndolas. La información sobre cómo se hacen es insuficiente para el aprendizaje.

Nuestros propios enemigos

Nosotros mismos nos creamos enemigos del aprendizaje (Echeverría, 1991). Me gustaría profundizar sobre este tema porque creo que sucede más a menudo de lo que pensamos.

Yo me las sé todas

El primer ejemplo que me viene a la cabeza se relaciona con los talleres y seminarios que facilito desde hace unos años.

Algo que sucede a menudo es que en los primeros 5 minutos de la presentación de Scrum como marco de trabajo, algunas personas exclaman: "¡Ah! eso es lo que hacemos nosotros, solo que ahora tiene un nombre". Sin embargo, al profundizar un poco más en detalle, la mayoría de las veces nos damos cuenta de que lo que están haciendo dista bastante de Scrum.

Lo mismo sucede cuando un cliente expone sus necesidades y como proveedores, nos apresuramos en hacerle saber cuán bien conocemos su problema. En estas situaciones, habitualmente, la solución que proponemos suele estar lejos de lo que realmente necesita nuestro cliente.

En resumen, el enemigo del aprendizaje que podemos encontrar es el supuesto del **"esto ya lo sé"**.

Esta creencia nos dificulta ver lo nuevo como nuevo porque lo vemos como algo conocido, algo sobre lo que ya sabemos. No necesitamos aprender nada nuevo.

Esta situación se da a menudo en las culturas empresariales que premian el saber y el dar respuestas a todas las preguntas. No está bien visto el no saber.

Asumir el no saber, es decir la *declaración de ignorancia,* es para muchas personas un atentado narcisista: "está en juego mi imagen. ¿Cómo voy a reconocer que hay ciertas cosas que no sé?"

Para poder asumir que hay algo que no sé, es necesario operar siempre desde la humildad, un valor necesario para dar lugar al aprendizaje y, sobre todo, superar la creencia generalizada que no saber es un pecado.

*Cada vez que
declaro "esto ya lo sé" frente a las
novedades, me
cierro a la
experiencia del aprendizaje.*

Es imposible que aprenda eso

En diciembre de 2008 me encontraba trabajando en una compañía multinacional. Decidimos reemplazar un software de gestión de cambios ya obsoleto por otro más específico llamado *SAP Solution Manager*.

El salto tecnológico era significativo, por lo que se armó un equipo para determinar la factibilidad del proyecto. Llamativamente para ese entonces, uno de los impedimentos en los que tuvimos que trabajar no tenía nada que ver con el software ni con el negocio, sino con uno de los miembros del equipo, llamémoslo Federico, quien persistentemente cometía errores en las implementaciones piloto y en su operación.

Indagando y trabajando más de cerca, me di cuenta de que él estaba inmerso en una emoción de frustración debido a que le costaba mucho aprender a operar la aplicación. Sin saberlo, Federico estaba creándose otro de los enemigos típicos del aprendizaje: "esto para mi es imposible de aprender, nunca voy a poder operar Solution Manager".

Al creer que no vamos a poder aprender determinada cosa nos estamos condicionando a que así sea.

Este tipo de reacción frente a lo nuevo es la manifestación de algo más profundo: la falta de autoconfianza. Quien no tiene confianza en sí mismo limita su predisposición a la acción.

¿Y cómo es que ocurre esto?

Si no confío en que lo puedo hacer bien, entonces no lo haré y, en consecuencia, no aprenderé. Quien no tiene confianza en sí mismo difícilmente verá el aprendizaje como una posibilidad y cerrará su campo de acción.

Al creer que
no podremos
aprender
determinada cosa
nos estamos
condicionando
a que así sea.

Más enemigos del aprendizaje

A continuación, presento una breve lista de algunos enemigos del aprendizaje comunes:

- No tengo tiempo de hacer esto.
- ¿Qué sabe esta persona más de lo que yo sé?
- ¡Pero por favor! ¿Cómo no voy a saber esto?
- Quiero que me enseñen así y tal como yo quiero.
- Necesito aprenderlo y necesito aprenderlo YA.
- Quiero hacerlo bien de una sola vez: lo hago bien o no lo hago.
- Procrastinar: dejar todo para último momento.
- Cerrarme y no mostrar lo que me pasa.
- Quejarme y no hacer algo al respecto.
- Optimismo desmedido, solo ver el lado positivo de todo.

- Trivializar y considerar que aquello por aprender es simple.
- No saber pedir ayuda.
- Enojarse y frustrarse cuando no resulta en el primer momento.
- Sobre-exigencia, querer hacerlo perfecto.
- Análisis-parálisis: quedarse detenido en los pensamientos y no pasar a la acción.
- No divertirme mientras aprendo y tomarlo todo con excesiva gravedad.
- Ceguera mental: no sé qué me pasa que no me sale hacerlo.
- Confundir aprendizaje y conocimiento: obtener información es diferente a aprender.
- Exceso de control: quiero estar en todos lados y hacer todo, todo el tiempo.
- Imposibilidad de delegar.
- Miedo a arriesgar y a equivocarse.
- Exceso de liviandad, falta de compromiso.

Confort, expansión y temor

Leonardo Wolk presenta tres zonas de aprendizaje: la zona de confort, la zona de expansión y la zona de temor/pánico (Wolk, 2003).

La **zona de confort** se refiere a aquella situación o contexto en el que podemos operar y accionar sin temor y tenemos todo el conocimiento que necesitamos para hacerlo.

En esta zona se puede observar a nuestros clientes operando en piloto automático en su contexto conocido y familiar, y con un nivel mínimo de conciencia. Por ejemplo: si se trata de un desarrollador Java es muy probable que se sienta cómodo programando aplicaciones en ese lenguaje y si fuera un contador que opera SAP desde hace 5 años es muy probable que ya sienta comodidad en su día a día.

Raramente recuerdan como hicieron para llevar adelante las acciones que ejecutan en su zona de confort. Por ejemplo, si conduces tu auto desde tu casa al trabajo, sabes que lo hiciste, pero el hacerlo está tan metido en tu zona de confort que probablemente no recuerdes todas las operaciones y decisiones que tomaste para poder llegar de un lugar a otro.

La zona de confort no es buena ni mala, simplemente está allí para que podamos relajarnos al ejecutar ciertas actividades que ya dominamos y, así, operar de manera más eficiente y con menos estrés.

El problema es que, si nos mantenemos en esta zona indefinidamente, no aprenderemos algo nuevo, ni expandiremos nuestra capacidad de acción efectiva.

Si nos quedamos, cómodos, en nuestra zona de confort,
no aprendemos
algo nuevo.

Para aprender algo nuevo será necesario salir de allí y pasar a la **zona de expansión**, en donde el aprendizaje sucede.

Pasar a la zona de expansión implica hacer un esfuerzo, y para que nuestro cliente lo pueda hacer, será importante declarar dos cuestiones:

- Primero, reconocer que no sabe.
- Segundo, tener la voluntad de aprender: "No sé, pero quiero aprender."

Solo mediante el aprendizaje es posible expandir la zona de confort, lo cual sucederá una vez que haya aprendido aquello que quería aprender.

Movernos a nuestra
zona de aprendizaje
implica un esfuerzo y cierta incomodidad.
Un estiramiento.

Más allá de la zona de expansión se encuentra la **zona de temor**. En ella no es posible aprender porque estos contextos están regidos por la emoción del miedo. Cuando tengo miedo no me expongo, busco protegerme, esconder mis errores y mi ignorancia.

En los equipos es posible detectar la zona de temor con sólo observar los comportamientos de las personas, entre ellos: todos hacen más de lo mismo, buscan retener su posición, evitan situaciones en las que quede en evidencia que hay algo que no saben, no participan, no aportan, evitan la humillación, el castigo.

Y aunque *castigo* suene fuerte, en muchas de las empresas con las que trabajo, sigo escuchando frases tales como "en esta organización tenemos una política de premios y castigos".

Y, de esta manera, se generan contextos de arrogancia, hipocresía, soberbia y política sin sentido, sin considerar el impacto que tiene en el aprendizaje, la creatividad y la innovación de las personas.

Este tipo de contextos son los responsables que en esas organizaciones las personas no innoven o que sus productos sean consistentemente mediocres.

En la zona de temor
no es posible
aprender. Cuando tengo miedo
no me expongo,
busco protegerme,
esconder mis errores
y mi ignorancia.

Facilitar el aprendizaje

La ICF propone un grupo de competencias claves del coach a la hora de facilitar el aprendizaje y los resultados de los clientes. Estas son:

- Creación de conciencia.
- Diseño de acciones.
- Planificación de definición de objetivos.
- Gestión del progreso y de la responsabilidad.

En este caso, me centraré en la primera de estas competencias clave.

Creación de conciencia

La ICF define esta competencia de la siguiente manera:

 Capacidad para integrar y evaluar con precisión múltiples fuentes de información y para hacer interpretaciones que ayuden al cliente a tomar conciencia y así lograr resultados previamente acordados.

En esta definición se encuentran contenidas varias acciones que es posible llevar adelante como coaches para facilitar la creación de conciencia en nuestros clientes.

Ver más allá de lo dicho y no "comprarse el cuento"

Comprarse el cuento del cliente significa creer sus excusas y sus explicaciones. En ese momento, no estamos siendo efectivos como coaches. Parte de nuestro trabajo es desafiar esas historias, excusas y explicaciones que nuestro cliente se cuenta.

Comprarse el cuento suele suceder cuando la escucha se queda a un nivel superficial y no se indaga sobre los patrones, emociones y juicios maestros que el cliente está teniendo.

En este sentido, si la competencia de la escucha no está desarrollada, puede llevarnos a indagar poco y a propiciar el pasaje a la acción en forma anticipada sin haber profundizado lo suficiente.

Modelo OSAR y niveles de aprendizaje

Echeverría y Pizarro idearon un modelo que llaman OSAR y que refiere a los conceptos:

(O)bservador **(S)**istema **(A)**cciones**(R)**esultados

Este modelo también invita a incorporar más osadía en nuestras vidas para propiciar niveles más profundos de aprendizaje.

Se lee de derecha a izquierda, comenzando por los **Resultados,** porque sostiene la premisa de que nuestras interpretaciones y acciones se evalúan a partir de los resultados que obtenemos. Es decir, la única explicación es el resultado.

Cuando nosotros, como observadores, evaluamos nuestros resultados y no estamos conformes con ellos, estamos frente a una gran oportunidad de aprendizaje.

Este aprendizaje se puede dar en dos órdenes diferentes:

Aprendizaje de primer orden

Este nivel de aprendizaje sucede al cambiar nuestras acciones en busca de nuevos resultados.

Probamos hacer algo diferente a lo realizado hasta ese momento.

De esta manera, aprendemos nuevas formas de hacer las cosas y desarrollamos nuevas competencias.

Aprendizaje de segundo orden

Muchas veces el aprendizaje de primer orden no es suficiente para producir un cambio significativo en los resultados.

En este caso, aparece la posibilidad de un aprendizaje de segundo orden en el cual el cambio se da a nivel del observador y no a nivel de nuevas acciones.

De esa manera, nos constituimos en un nuevo observador, diferente al que éramos y vemos la realidad de una nueva forma. Al ser un observador diferente, tengo la capacidad de ver nuevas acciones que, hasta ese momento, no existían en el ámbito de lo posible.

Al percibir la realidad de manera diferente, es posible hacer cosas nuevas.

Esto es lo que en coaching ontológico se conoce como "vuelco ontológico".

Propiciar el vuelco ontológico

Como coach, tenemos muchas herramientas (ICF) disponibles para favorecer y facilitar un posible vuelco ontológico, entre ellas:

- Aumentar nuestra comprensión, conciencia y claridad a través de la indagación.
- Identificar las preocupaciones subyacentes del cliente, sus formas típicas y fijas de percibirse a sí mismo y al mundo, las diferencias entre los hechos y las interpretaciones y las disparidades entre pensamientos, sentimientos y acciones.
- Ayudar a nuestro cliente a descubrir por sí mismo los nuevos pensamientos, creencias, percepciones, emociones, estados de ánimo, etc. que fortalecen su capacidad de accionar para lograr aquello que es importante para él.
- Comunicar perspectivas más amplias al cliente e inspirar para que se comprometa a cambiar sus puntos de vista y, así, encontrar nuevas posibilidades de acción.
- Ayudar al cliente a ver los diferentes factores interrelacionados que lo afectan junto con sus comportamientos.
- Compartir intuiciones con el cliente de manera tal que le sean útiles y significativas.
- Identificar las principales fortalezas en las áreas de aprendizaje y crecimiento, y aquello específico que es más importante abordar durante el proceso de coaching.
- Al detectar una separación entre lo que se está declarando y lo que se está haciendo, pedir al cliente que distinga entre cuestiones triviales y significativas, y comportamientos situacionales o recurrentes.

El aprendizaje del Agile Coach

Uno de los recuerdos más preciados de mi infancia es el de mi primer vuelo en avión. Tenía 7 años y estaba con mi padre viendo a los aviones despegar y aterrizar en el aeropuerto de la ciudad. Lo siguiente que recuerdo es a mi padre comprando un ticket de ida y vuelta en el mismo día hacia a una ciudad cercana. Había decidido regalarme esa experiencia por el sólo hecho de la experiencia en sí.

Hicimos el vuelo. Todo el paseo, ida y vuelta, habrá durado unas cuatro horas. Bajé de ese avión decidido a ser piloto.

Pasó el tiempo y durante el último año de la escuela media hice averiguaciones para ingresar a la carrera de Ingeniería Aeronáutica. El programa de la carrera tenía materias tales como aerodinámica, propulsión, mecánica del vuelo y reglamentación del vuelo. Fue amor a primera vista.

Me enteré de que había una charla de orientación en una de las universidades que dictaban esa carrera y decidí participar. En la charla se trataron muchos temas interesantes y, hacia el final, me entrevisté con uno de los ingenieros aeronáuticos egresados de años anteriores.

Inmensa fue mi sorpresa cuando descubrí que el Ingeniero Aeronáutico no sabía volar un avión. Pero cómo, ¿los ingenieros aeronáuticos no saben volar? La respuesta a esta pregunta fue "no necesariamente". Algunos, por su propia cuenta, realizan la formación como piloto de avión, que es completamente independiente de la formación en Ingeniería Aeronáutica.

Cuando supe esto decidí no seguir esa carrera: yo quería ser piloto de avión. Sin embargo, una pregunta quedó dando vueltas en mi cabeza: ¿Cómo puede ser que un Ingeniero Aeronáutico no sepa volar un avión teniendo tanto conocimiento sobre la materia?

Años más tarde, mientras efectivamente me formaba como piloto, descubrí la respuesta a esta pregunta: **conocer algo no implica saber hacerlo**.

Lo aprendí durante la segunda sesión de vuelo. En la primera sesión, el instructor había conducido el aterrizaje y, en aquella ocasión, me adelantó que la próxima vez sería mi turno.

Tenía muy pocos días e investigué cómo ocurría el aterrizaje de un avión. En definitiva, es un tema aerodinámico, un proceso en donde el piloto modifica la actitud del avión (ángulo de ataque de las alas), pasando desde una actitud *nariz abajo* a una actitud *nariz arriba* que se dará en el momento en que las ruedas toquen la pista. Durante ese proceso, la aeronave pierde velocidad y, por ende, sustentación, hasta quedar afirmada únicamente en sus ruedas. Con bastante más detalle que el que cuento aquí, me presenté a mi segunda sesión de vuelo, habiendo estudiado a fondo todo el proceso de aterrizaje.

Subimos a mil pies de altura (aproximadamente 300 metros) y comenzamos a hacer maniobras de vuelo. Luego de una hora de trabajo, el instructor me indicó que pusiera proa al aeropuerto de salida: iba a hacer mi primer aterrizaje. Fueron aproximadamente 10 minutos de vuelo hasta que llegamos al aeropuerto. Durante ese trayecto fui repasando mental y detalladamente todo el proceso de aterrizaje que había estudiado. Me sentí confiado, recordaba todos y cada uno de los pasos. Estaba preparado... O eso es lo que yo creía.

Alineé el avión con la pista y comencé el descenso. La velocidad estaba dentro de los parámetros esperados. Cada vez más cerca de lograrlo, superé el umbral de la pista y las ruedas ya estaban a menos de dos metros de altura. Era hora de comenzar a cambiar progresivamente la actitud del avión para ir perdiendo velocidad y sustentación.

Así lo hice: levanté la nariz del avión y el avión subió ¿¡¡cómo que subió!!?? Entonces bajé la nariz, gané velocidad, ¡no! Levanté la nariz. El avión vuelve a subir. ¡No! Más abajo y más velocidad. Esta vez le pegué con las ruedas al piso y reboté como una pelota de básquet. Volvió a subir, volvió a bajar, y volví a rebotar. Mientras tanto el avión comenzó a ladearse hacia la izquierda. Por lo que, al rebotar por tercera vez, pegó primero la rueda izquierda y luego la derecha. Para ese punto creo que había perdido el control por completo. El instructor sentado a mi lado tomó los mandos de la aeronave y en cinco segundos la niveló y aterrizó acariciando la pista.

Pero... ¡¿qué me había pasado?! Tuve una experiencia de aprendizaje de primera mano: conocer algo, en mi caso cómo se realiza el aterrizaje de un avión, no garantiza saber hacer eso, es decir, saber aterrizar un avión de manera efectiva.

Conocer algo no implica saber hacerlo.

Para saber hacer se requiere atravesar un proceso de aprendizaje que va más allá del simple conocimiento de la materia e implica la práctica continua y el desarrollo de las propias habilidades.

Este proceso es necesario en todas las disciplinas, incluso en el coaching.

De Novato a Experto

Así como un piloto de avión se transforma en experto a través de la práctica, un coach de equipos ágiles también recorre ese camino. Veamos el modelo para el desarrollo de habilidades de Dreyfus (Dreyfus &Dreyfus, 1986) en el que se detallan los diferentes estadios de un proceso de aprendizaje.

Etapa 1: Novato

El proceso de aprendizaje comienza con el aprendiz siguiendo al pie de la letra las reglas que un instructor ha sistematizado y transmitido. Tendrá interacción con diferentes elementos útiles para su tarea, pero éstos han sido presentados aislados del contexto, y como un conjunto de reglas y pautas predeterminadas para realizar una acción más allá de las variables externas. De esta manera, el novato conceptualiza y comienza a operar de manera simple y directa, sin demasiadas complicaciones.

El piloto de avión novato se acerca al suelo durante el aterrizaje y jala del comando para levantar la nariz. Algo que para su instinto en ese punto del aprendizaje podría manifestarse como una contradicción (quiero bajar, pero en vez de eso, levanto la nariz del avión). Prestará atención a la velocidad, al mando del avión, al indicador de posición de los *flaps*. No sabrá cuánto levantar la nariz, en qué preciso momento ni con qué rapidez hacerlo. Solo lo hace porque hay un instructor a su lado que le va dando las indicaciones. Algunos pilotos novatos, inclusive, empujan el comando del avión para bajar la nariz, lo que les resulta instintivo, pero que muchas veces termina en un accidente si el instructor está distraído.

El agile coach novato utiliza las técnicas y herramientas tal cual se las han presentado; sigue la estructura de las conversaciones al pie de la letra, sin desviarse ni un ápice de lo preestablecido. En muchas ocasiones, sigue su instinto y sin darse cuenta toma partido haciendo intervenciones en el contenido de las conversaciones y las decisiones de los equipos. En este momento de su proceso de aprendizaje, no necesariamente tiene en cuenta la información del contexto para modificar la práctica.

Etapa 2: Principiante avanzado

En la medida en que el aprendiz novato vivencia situaciones reales, comienza a identificar aspectos adicionales significativos para cada situación. Al pasar por varias experiencias similares, el aprendiz incorpora esos aspectos situacionales como parámetros que pueden ser tenidos en cuenta para modificar la práctica.

El piloto de avión principiante avanzado incorpora la actitud del avión a un determinado régimen de vueltas de la hélice como un indicativo de aceleración o desaceleración del aeroplano.

El agile coach en su etapa de principiante avanzado comienza a identificar aspectos situacionales como el ánimo de las personas, las emociones, los gestos y los diferentes tipos de conversaciones como indicadores del nivel de responsabilidad, auto-organización y desarrollo de los equipos ágiles.

El principiante avanzado reconoce que necesita el acompañamiento cercano de un mentor y que, en caso de quedar solo, puede verse envuelto en situaciones que aún no sabe cómo resolverlas.

Etapa 3: Competente

Al desarrollar su experiencia, aumenta la capacidad del facilitador para identificar cada vez más variables situacionales. Tarde o temprano, la cantidad de aspectos situacionales en juego se torna abrumadora para la persona que está recorriendo el proceso de aprendizaje. En ese momento, puede cuestionarse su capacidad para dominarlas a todas.

Al aceptar su limitación, el principiante avanzado desarrolla la capacidad de priorización situacional: en una determinada situación, identifica cuáles son los factores importantes y cuáles son aquellos que puede ignorar. Al restringir la cantidad de variables, acelera la toma de decisiones para elaborar un plan de acción y llevarlo adelante.

Cuando un piloto de avión competente está aterrizando es capaz de identificar la dirección del viento, la posición horizontal y vertical de su avión con respecto a la senda de planeo hacia la pista, su velocidad, etc. Con base en estos parámetros decidirá si quita o no potencia, levanta o baja la nariz del avión, incrementa o reduce los grados de *flaps*. Se sentirá aliviado si el avión corrige su ángulo y velocidad de aproximación y alterado si no lo hace.

El agile coach competente, durante una intervención de coaching, es capaz de identificar los estados de ánimo de los *stakeholders* y los miembros del equipo, la confianza que el equipo tiene para lograr sus compromisos, el nivel de presión que los *stakeholders* están generando, el tiempo que toman las conversaciones, el nivel de involucramiento general de los participantes, etc. De esta manera, decide sus próximos pasos.

En esta etapa, el aprendiz competente logra desempeñarse en situaciones normales o esperables. No es capaz aún de hacer frente a situaciones inesperadas o de emergencia. Por ejemplo, cuando un instructor de vuelo le dice a su alumno: "en caso de una emergencia real, el avión es mío". Esto ocurre hasta que el aprendiz de vuelo alcanza un nivel de destreza significativo.

En este punto del proceso de aprendizaje, los Dreyfus hacen una distinción clave que determinará el futuro del aprendiz sobre el proceso que está realizando:

1. Si el aprendiz se compromete emocionalmente cada vez más con la tarea, se alejará de esa actitud desapegada del contexto en la que el foco estaba en seguir las reglas. Esto implica que la persona estará en una mejor posición para un mayor desarrollo de sus habilidades.

2. Si el aprendiz se inhibe por la responsabilidad que conlleva tomar riesgos, se podrá estancar en su proceso de aprendizaje.

Etapa 4: Diestro

El aprendiz diestro se ha comprometido emocionalmente con la actividad. En este punto del proceso de aprendizaje, la intuición comienza a reemplazar a la teoría. Los Dreyfus son radicales en este aspecto: **la destreza parece desarrollarse solo si la experiencia se asimila en forma práctica y la intuición reemplaza a las respuestas razonadas**.

La acción se hace más fácil y menos preocupante. Quien aprende comienza a identificar lo que hay que lograr en lugar de lo que hay que hacer. Ya no se sumerge en un proceso lógico de evaluación de variables y en tomas de decisiones razonadas. En esta etapa del aprendizaje comienzan a disiparse las dudas sobre qué tan correcto es lo que se pretende hacer.

Aquí el aprendiz intuye lo que hay que lograr y luego recurre a las diferentes opciones de acción para elegir la que le parece más adecuada.

El piloto de avión diestro intuye que su velocidad de aproximación es demasiado baja. Entonces elige conscientemente si bajar la nariz del avión o aplicar potencia.

El agile coach diestro detecta las conversaciones que no se están teniendo o los conflictos subyacentes en las interacciones entre los miembros del equipo, y entre ellos y los *stakeholders*. De esa manera, decide el ritmo y la forma de sus intervenciones.

Etapa 5: Experto

El experto simplemente sabe qué hacer. Además de detectar intuitivamente una situación, también intuye las acciones que son necesarias.

Los Dreyfus dicen que, para el experto, lo que se debe hacer simplemente se hace.

El piloto de avión experto responde intuitivamente a una ráfaga de viento que lo toma por sorpresa durante el aterrizaje. La aeronave se mueve para un lado y para el otro mientras el piloto experto acciona los comandos con frenesí, pero con un semblante de tranquilidad en su cara y su cuerpo relajado. Para el piloto experto, esa situación simplemente se resuelve. Muchas veces sin poder explicar cómo lo hizo.

El agile coach experto ha incorporado esta disciplina como parte de su acción y, al haber expandido sus capacidades, es capaz de sostener conversaciones de manera intuitiva.

Para Reflexionar

Haciendo uso de los niveles Dreyfus del aprendizaje y en función de lo visto en este libro hasta ahora, califica tu nivel de destreza en las siguientes competencias claves de la ICF[2]:

A partado A: Sentar las bases

Cumplimiento del código de ética y de las normas profesionales: entendimiento de la ética y estándares de coaching, y capacidad para aplicarlos de manera apropiada en todas las situaciones de coaching.

- Comprende y demuestra en sus comportamientos el código de ética de la ICF.
- Comprende y sigue todas las directrices éticas de la ICF.
- Comunica claramente las distinciones entre coaching, consultoría, psicoterapia y otras profesiones de apoyo.
- Refiere al cliente a otro profesional de apoyo, sabe cuándo esto es necesario y los recursos disponibles.

Establece el acuerdo de coaching: Capacidad para comprender lo que se requiere en la interacción específica de coaching y para llegar a un acuerdo con el cliente potencial y el nuevo, sobre el proceso de coaching y la relación.

- Comprende y discute eficazmente con el cliente las directrices y parámetros específicos de la relación de coaching (por ejemplo, la logística, honorarios, la programación, la inclusión de otros si es apropiado).

- Llega a un acuerdo sobre lo que es apropiado en la relación y lo que no, lo que está y no está siendo ofrecido, y sobre las responsabilidades del coach y del cliente.
- Determina si hay una coincidencia efectiva entre su método de coaching y las necesidades del cliente potencial.

Apartado B: Co-Crear la relación

Establecimiento de confianza e intimidad con el cliente: Capacidad de crear un ambiente seguro y de apoyo que produzca el respeto mutuo y la confianza.

- Demuestra preocupación genuina por el bienestar y futuro del cliente.
- Demuestra continuamente integridad personal, honestidad y sinceridad.
- Establece acuerdos claros y mantiene sus promesas.
- Demuestra respeto por las percepciones del cliente, el estilo de aprendizaje, el ser personal.
- Brinda apoyo continuo y alienta nuevas conductas y acciones, incluyendo aquellas que involucran riesgos y miedo al fracaso.
- Pide permiso para brindarle coaching al cliente en áreas nuevas y sensibles.

Presencia del coaching: Capacidad para estar plenamente consciente y crear una relación espontánea con el cliente, empleando un estilo abierto, flexible y de confianza.

- Está presente y se muestra flexible durante el proceso de coaching, danzando en el momento.
- Accede a la intuición propia y confía en el conocimiento interno: "escucha sus corazonadas".

- Está abierto a no saber y toma riesgos.
- Ve muchas maneras de trabajar con el cliente y elige en el momento lo que es más efectiva de cada una de ellas.
- Usa el humor eficazmente para crear ligereza y energía.
- Cambia con confianza las perspectivas y los experimentos abriendo nuevas posibilidades de acción propia.
- Demuestra confianza en trabajar con emociones fuertes y puede autogestionarse y no ser dominado o enredado por las emociones del cliente.

Apartado C: Comunicación efectiva

Escucha activa: Capacidad para concentrarse completamente en lo que el cliente está diciendo y no está diciendo, para entender el significado de lo que se dice en el contexto de los deseos del cliente para apoyar la autoexpresión.

- Asiste al cliente y sigue su agenda y no a la del coach.
- Escucha al cliente: sus preocupaciones, objetivos, valores y creencias acerca de lo que es y no es posible.
- Distingue entre las palabras, el tono de voz y el lenguaje corporal.
- Resume, parafrasea, reitera, y refleja lo que el cliente ha dicho para asegurar claridad y entendimiento.
- Alienta, acepta, explora y refuerza las expresiones del cliente de sentimientos, percepciones, preocupaciones, creencias, sugerencias, etc.
- Se integra y se basa en las ideas y sugerencias de los clientes.
- Entiende la esencia de la comunicación del cliente y lo ayuda a llegar allí en lugar de participar en historias largas y descriptivas.
- Ayuda al cliente a ventilar o limpiar la situación, sin juicio, con el fin de pasar a los pasos siguientes.

Preguntas poderosas: Capacidad para hacer preguntas que revelen la información necesaria y así obtener el máximo beneficio para el proceso de coaching y para el cliente.

- Hace preguntas que reflejan la escucha activa y la comprensión de la perspectiva del cliente.
- Hace preguntas que evocan descubrimiento, visión, compromiso o acción (por ejemplo, aquellos que desafían las suposiciones del cliente).
- Hace preguntas abiertas que crean una mayor claridad, posibilidad o nuevo aprendizaje.
- Hace preguntas que mueven al cliente hacia lo que desea, no preguntas que dan espacio al cliente para justificarse o explorar hacia atrás.

Comunicación directa: Capacidad para comunicarse de manera efectiva durante las sesiones de coaching y utilizar un lenguaje que tiene el mayor impacto positivo en el cliente.

- Es claro, elocuente y directo al compartir y dar retroalimentación.
- Reformula y articula para ayudar al cliente a entender desde otra perspectiva lo que él / ella quiere o de lo que no está seguro/a.
- Establece claramente los objetivos del coaching, agenda de la sesión y el propósito de técnicas o ejercicios.
- Utiliza un lenguaje apropiado y respetuoso con el cliente (por ejemplo, no sexista, no racista, no técnico, no usa jerga).
- Utiliza metáforas y analogías para ayudar a ilustrar un punto o un retrato verbal.

Apartado D: Facilitar el aprendizaje y los resultados

Creación de conciencia: Habilidad para integrar y evaluar con precisión las múltiples fuentes de información y hacer interpretaciones que ayuden al cliente a obtener mayor conciencia para, así, lograr los resultados que se han acordado.

- Va más allá de lo dicho para evaluar las preocupaciones del cliente sin quedar enganchado en sus descripciones.
- Invoca el cuestionamiento para una mejor comprensión, conciencia y claridad.
- Identifica las preocupaciones subyacentes del cliente sobre su percepción de sí mismo y su relación con el mundo. Diferencia entre los hechos reales y las interpretaciones, y entre pensamientos, sentimientos y acciones.
- Ayuda al cliente a que éste descubra por sí mismo sus nuevos pensamientos, creencias, percepciones, emociones, estados de ánimo, etc. que fortalezcan su habilidad para tomar acción y lograr lo que le es importante.
- Comunica perspectivas más amplias e inspira el compromiso hacia un cambio de visión y contemplación de nuevas posibilidades para la acción.
- Ayuda al cliente a ver los distintos factores relacionados que le afectan a él y a su comportamiento (pensamientos, emociones, cuerpo, antecedentes, origen).
- Expresa al cliente su entendimiento de las cosas de modo tal que éste se beneficie y le sea útil y significativo.
- Identifica las fortalezas y áreas de oportunidad para crecer y aprender, y los temas hacia donde es más importante dirigirse durante el proceso de coaching.
- Invita al cliente a distinguir entre los temas triviales y significativos, entre los actos recurrentes y los situacionales, y las discrepancias entre lo que dice y lo que hace en realidad.

Diseño del método de acción: Habilidad para crear junto con el cliente oportunidades continuas de aprendizaje durante el coaching, así como en las situaciones reales de trabajo y de la vida. Genera compromiso en el cliente para que actúe de nuevas maneras que lo lleven a lograr los resultados acordados.

- Genera una lluvia de ideas y ayuda al cliente a definir acciones que le permitan demostrar, practicar y profundizar el nuevo aprendizaje.

- Ayuda al cliente a centrarse y explorar de forma sistemática las oportunidades e intereses que son vitales para lograr las metas pactadas.
- Compromete al cliente a explorar nuevas alternativas, ideas y soluciones, a evaluarlas y así tomar las decisiones relacionadas que sean pertinentes.
- Promueve el auto descubrimiento, así como la exploración activa para que el cliente pueda aplicar en su trabajo o vida lo que se ha discutido y aprendido.
- Celebra la capacidad y el éxito del cliente en su madurez y crecimiento.
- Desafía los supuestos o creencias del cliente, así como sus perspectivas para provocar en él nuevas ideas para encontrar distintas posibilidades de acción.
- Promueve o presenta puntos de vista que están alineados con las metas del cliente y lo involucra para que los considere.
- Impulsa al cliente al "hazlo ahora" durante la sesión de coaching, proveyéndole su apoyo en el momento.
- Anima, alienta y motiva al cliente hacia un aprendizaje veloz, a la vez que respeta su ritmo.

Planeación y definición de metas: Habilidad para desarrollar y mantener un plan de coaching efectivo con el cliente.

- Consolida la información que ha recolectado y establece con el cliente un plan de coaching y metas de desarrollo que atienden las áreas de mayor interés, para lograr el debido aprendizaje y crecimiento.
- Diseña un plan con metas que sean "SMART", es decir, específicas, medibles, alcanzables, realistas y en un tiempo definido.
- Hace ajustes a los planes si así lo requiere el proceso de coaching y por cambios en el contexto o la situación, (es flexible).
- Ayuda al cliente a identificar y utilizar nuevos recursos para el aprendizaje (ej. libros u otros profesionales).

- Identifica y refuerza cualquier éxito o logro en su cliente, por pequeño que éste sea.

Manejo del progreso y del nivel de responsabilidad y compromiso: Habilidad para mantener la atención en lo que es importante para el cliente y dejar la responsabilidad de la acción en sus manos.

- Solicita claramente al cliente actos que lo lleven a moverse en dirección al logro de las metas pactadas.
- Hace el seguimiento del plan cuestionando al cliente sobre las tareas específicas a las cuales se comprometió en la sesión anterior.
- Reconoce al cliente los avances que ha hecho, lo que NO ha hecho, lo que ha aprendido y la nueva conciencia que ha adquirido durante las sesiones de coaching.
- Prepara, organiza y revisa cuidadosamente con el cliente la información que ha recabado durante el proceso de las sesiones de coaching.
- Mantiene al corriente al cliente entre sesión y sesión recalcando el plan de acción, los resultados deseados, las actividades anteriores acordadas y los próximos pasos a seguir durante las siguientes sesiones.
- Se centra en el plan de coaching, pero es flexible y está abierto a ajustar comportamientos y actos a partir de cambios que surjan durante las sesiones.
- Tiene la habilidad para adaptarse y moverse de la idea general al caso particular que está afectando el desempeño de su cliente en ese momento, así como también para crear el contexto de aquello que se está tratando en ese momento y no perder de vista a donde el cliente quiere ir.
- Promueve la autodisciplina en su cliente, cree en él y está convencido de que se hará responsable de lo que dice que hará en los tiempos acordados y también de los resultados que estos actos generen.
- Desarrolla en su cliente la habilidad para tomar decisiones, atender las prioridades y generar auto crecimiento a su propio

ritmo por medio de la retroalimentación, del aprendizaje de experiencias anteriores y del discernimiento de lo que es importante.

- Confronta al cliente de manera positiva cuando éste no ha llevado a cabo las tareas o actos acordados.

1. *¿Qué has descubierto haciendo este ejercicio?*

2. *¿Cómo crees que estos nuevos descubrimientos pueden influenciar tu forma de aprender?*

Para Practicar

Utiliza el mismo enfoque del ejercicio anterior para evaluar tus competencias como coach y, apoyándote en los niveles Dreyfus de Aprendizaje, diseña una autoevaluación para que un equipo tome conciencia sobre su nivel de destreza con Scrum / Agilidad.

1 . *¿Cómo te fue en esta experiencia? ¿Qué has descubierto?*

9

CONVERSACIONES

Problemas

Desde el punto de vista del coaching ontológico haré referencia a dos aspectos fundamentales en la práctica: la **transparencia** y el **quiebre**.

Esta sección es una breve interpretación personal del capítulo *"Acción Humana y Lenguaje" del libro Ontología del Lenguaje de Rafael Echeverría* con mis propios aportes agregados.

Denomino *transparencia* a todo aquello que hace que lo que nos rodea se vuelva invisible.

Por ejemplo, desde mi casa hasta mi oficina tengo que caminar unos 30 minutos. Mientras recorro el camino, no soy plenamente consciente de la cantidad de pasos que doy ni los movimientos que realizo para dar esos pasos o de los cordones de las aceras que subo y bajo, etc. Camino como si fluyera, sin consciencia de todo lo que me rodea.

Mi cabeza muchas veces está en otros lugares, por ejemplo, en la reunión de la mañana, en el cliente que debo visitar a la tarde o en la conversación que tuve con mi esposa antes de salir de casa. Todo eso que me rodea se vuelve, entonces, transparente. Martin Heidegger planteaba en sus trabajos que los seres humanos vivimos por default en transparencia, fluimos a través del mundo con un mínimo nivel de consciencia.

En oposición a la transparencia están los *quiebres.*

Un quiebre es una interrupción de esa transparencia debido a un acontecimiento que no estaba dentro de nuestras expectativas. Es decir, sucede algo que no esperaba.

Por ejemplo: estoy barriendo la acera y, de repente, se desprende el cepillo del mango. Hasta ese momento, la escoba era transparente para mí en tanto se comportaba como yo esperaba. A partir del desprendimiento del cepillo se produce un quiebre: la escoba deja de ser transparente y se materializa en mis manos. Toda mi atención se centra ahora en ese suceso. Tomo conciencia y sólo entonces, dice Heidegger, nos transformamos en seres racionales que buscaremos restablecer la transparencia.

Entonces, estamos frente a un quiebre cuando sucede algo inesperado. La parte interesante es que esa expectativa de lo que debería y no debería suceder es una opinión mía como observador. Por los tanto, mis quiebres, son exclusivamente míos. Frente a una misma situación, otra persona podría no tener quiebres.

Tengo un quiebre:
lo que acaba de
suceder no es
lo que yo esperaba.

Los quiebres se pueden suceder de dos maneras: como un acontecimiento o como una declaración o como una declaración.

Si sucede un acontecimiento que no esperaba, **tengo un quiebre**.

Si mis expectativas cambian y no estoy dispuesto a seguir aceptando que suceda lo que viene sucediendo, entonces **declaro** un quiebre.

Declaro un quiebre:

ya no quiero seguir aceptando que
suceda lo que
viene sucediendo.

Hacerse Cargo

Esta sección está inspirada en un texto original de Martín Cainzos y Fernando Hindi, con mis aportes personales.

La distinción de quiebre es primordial para el coaching. Generalmente hacemos coaching a partir de quiebres que las personas, los equipos y las organizaciones declaran.

Algunas preguntas importantes que el coach siempre debe formularse cuando se encuentra frente a un cliente son:

- ¿Qué hace que esto sea un quiebre para la persona o el equipo?
- ¿Qué tipo de individuo o equipo es aquel para el cual esto es un quiebre?
- ¿Qué tipo de individuo o equipo se revela a partir del quiebre declarado?
- ¿Qué revela este quiebre acerca del mundo del individuo o equipo que lo declara?
- ¿Qué revela este quiebre sobre los juicios del individuo o equipo que lo declara?

Desde un punto de vista práctico, un coach nunca pierde la oportunidad de tomar los quiebres de un individuo o equipo como una forma de revelar quién está siendo en ese momento.

El coach siempre debe preguntarse a sí mismo si compartirá (dar por sentado) o cuestionará el quiebre que su cliente está declarando.

Con frecuencia, el coach se encuentra con la posibilidad de no ayudar a su cliente a resolver un quiebre declarado, sino de abrirle un camino para disolverlo. También debe decidir si abordará el quiebre declarado o si lo trascenderá. Es decir, ir más allá y buscar otros quiebres —generalmente más profundos— que puedan estar pasando inadvertidos para el individuo o equipo, y que, según su interpretación, podrían estar generando el quiebre declarado.

Generalmente el coach sabe que una fuente importante de sufrimiento y malestar tiene que ver con la incapacidad de las personas para actuar de un modo tal que les permita abordar sus quiebres. Lo que el coach hace es producir esos lazos que faltan, esas conversaciones ausentes que pueden restablecer la conexión entre los quiebres y la acción.

En este sentido, una pregunta fundamental que el coach debe hacerse siempre es: **¿Qué conversaciones le falta al este cliente para que sea capaz de llevar adelante acciones que se ocupen de su quiebre?**

Siempre que alguien exponga un quiebre esperando que le hagan coaching debemos escuchar la siguiente petición:

Tengo un quiebre, estoy sufriendo a causa de..., no sé qué hacer, ¿puedes ayudarme y mostrarme lo que no veo? ¿Puedes mostrarme qué acciones puedo realizar?

Es tarea del coach:

- Conducir al individuo o equipo a juzgar la validez de su quiebre declarado.
- Acompañar al individuo o equipo a diseñar las acciones que puedan abordar el quiebre. Llamamos a esto "hacerse cargo del quiebre".
- Examinar con el individuo o equipo las condiciones que están produciendo ese quiebre y, eventualmente, otros del mismo tipo, y acompañarlos a diseñar acciones que puedan evitar ese tipo de quiebres en el futuro.

Tener quiebres es constitutivo del ser humano, independientemente de lo que hagamos, ellos son inevitables. El coaching no es un camino hacia la supresión de quiebres en la vida. No obstante, esto no quiere decir que debamos ser pasivos al tenerlos. Seguramente podemos aprender a evitar algunos.

También podemos aprender a hacernos cargo de un modo más efectivo de aquello que no podemos evitar y, así, disminuir parte del sufrimiento y la incomodidad que nos provocan.

Sin embargo, hay ocasiones que la mejor forma de tratar aquellos quiebres inevitables (por ejemplo, la pérdida de un trabajo o de una oportunidad) es aprendiendo a aceptar el quiebre e incluso aprendiendo a aceptar el sufrimiento y la incomodidad que podría acompañarlo. Al resistir lo que no se puede cambiar se genera sufrimiento adicional al propio de la situación. Y este sufrimiento adicional se podría evitar con la aceptación.

Martín Alaimo - 2013 - 2017 Basado en un trabajo de Cainzos & Hindi - Junio 2012

A continuación, se presenta el tema *Conversaciones y en* los siguientes capítulos los temas *Emociones y Estados de Ánimo*. Todos estos temas abrirán un sin fin de posibilidades para ayudar a nuestros clientes a hacerse cargo de sus quiebres.

Conversaciones

Viernes por la tarde, otoño. Afuera está algo nublado, adentro se van apagando las computadoras una tras otra. Pasa Gustavo y saluda, "Hasta el lunes". "¡Buen fin de semana!", respondo. Lo siguen Juan Manuel, Leonardo y Ariel. Un rato más tarde ya no queda casi nadie. Me concentro en enviar los últimos dos e-mails que tengo en mi lista de pendientes y, al terminar, acomodo mis cosas para retirarme.

Levanto la cabeza y descubro que ya no estoy en la empresa. ¡Qué curioso! Sólo quedan escritorios, bibliotecas, cuadernos, sillas y paredes. Pero no hay empresa, no hay más organización. Se fue junto a las personas, quedó un edificio vacío.

La organización es un conjunto de
conversaciones.
Sin conversaciones,

no hay organización.

La conversación es un fenómeno humano. Se puede identificar una conversación siempre que exista una interrelación, un ida y vuelta constante entre el hablar de alguien y el escuchar de otro, un intercambio constante que genera una danza comunicacional entre dos (o más) personas.

Al conversar intervienen nuestras palabras, nuestra gestualidad, nuestras posturas, nuestros movimientos y nuestras emociones. Es decir, al conversar nos entrelazamos con otros seres humanos desde la emoción, el lenguaje y el cuerpo.

Si la emoción, el cuerpo y el lenguaje de alguien que está conversando no están coherentemente alineados, surge esa sensación en la que se piensa "aunque diga lo que diga, hay algo aquí que no me cierra".

En el pasado hemos evolucionado del simio hacia el homo sapiens. En tanto no tenemos grandes habilidades físicas y predatorias (comparadas con otras especies mucho más equipadas) ha sido la coordinación de acciones con otros individuos de nuestra misma especie la que nos permitió estar en la cima de nuestra cadena alimenticia.

Esta coordinación de acciones la realizamos a través de las conversaciones. Por lo tanto, considero necesario dedicar este capítulo a descubrir su poder transformador.

La organización: red de conversaciones

Es posible considerar a las organizaciones como grupos de seres humanos reunidos en torno a un objetivo común y que coordinan acciones entre sí a través de conversaciones.

En este sentido, la palabra *organización* se refiere a una compañía o empresa y, a la vez, se extiende al equipo de trabajo y a otros ámbitos como una familia, un equipo deportivo o una asociación sin fines de lucro.

Si nos enfocamos específicamente en un equipo de trabajo, podemos considerarlo como una estructura de conversaciones entrelazadas y ejecutadas recurrentemente con el fin de coordinar acciones para construir satisfacción en otra red conversacional, creada por los clientes.

La calidad de las conversaciones que se tengan [y las que no se tengan] dentro del equipo y con los clientes determinarán la calidad en la coordinación de acciones entre las diferentes partes y, por consiguiente, el nivel de productividad, la calidad de sus productos, la satisfacción de los clientes y la felicidad de los miembros del equipo.

Conversaciones y auto-organización

Al considerar los equipos de trabajo como una red de conversaciones, es posible también identificar los diferentes tipos de conversaciones que se pueden dar, seleccionar la más significativa e indicada para cada situación y evitar aquellas nocivas o inútiles.

Mantener conversaciones significativas en las instancias necesarias es, en mi opinión, un requisito clave para lograr la autonomía responsable y la auto-organización efectiva de un equipo.

A continuación, presento un recorrido por diferentes tipos de conversaciones en las que podemos participar como integrantes de un equipo de trabajo.

Conversaciones significativas

Las conversaciones significativas son aquellas que nos acercan al logro de nuestros objetivos y a la mejora continua.

Hay varios tipos de conversaciones significativas. A continuación, figura un detalle de cada una de ellas.

Conversaciones estratégicas

A mediados de 2013 trabajamos con uno de mis socios junto a un equipo con el fin de generar cohesión y autonomía operativa. El primer día de trabajo con el equipo y apenas terminamos de presentar la intervención, pregunté: "¿Para qué forman parte de este equipo?". Ninguno de ellos pudo responder esa pregunta.

Las conversaciones estratégicas construyen la visión y el propósito, los escenarios futuros, los valores comunes, el sentido de pertenencia y generan claridad en el rumbo del equipo.

Una conversación estratégica se centra en establecer:

- ¿Qué es lo que buscamos?
- ¿Cuáles son los valores y principios comunes?
- ¿Quiénes son nuestros clientes?
- ¿Cuáles son nuestras fortalezas y habilidades?
- ¿Qué es lo que necesitamos aprender?
- ¿Cuáles son los aspectos negociables y cuáles no?

Un equipo que no ha tenido al menos una conversación estratégica es un equipo con mucha probabilidad de no encontrar su rumbo.

Es recomendable tener este tipo de conversación periódicamente, para reconfirmar o revalidar la visión, el propósito, los valores perseguidos.

Conversaciones para la acción

— Alejandro, necesito tu ayuda con el reporte de ingresos.

— No puedo Juan, estoy trabajando en el plan financiero.

— ¿Cuándo tienes que entregar el plan financiero?

— No lo sé.

Estas personas tienen un serio problema en sus conversaciones para la acción.

Estas conversaciones son las que nos mueven hacia la generación de compromisos creíbles, pedidos efectivos y ofertas claras con el resto de los integrantes del equipo y con los clientes. A través de ellas nos enfocamos en las dificultades que tenemos como equipo en el plano de los compromisos y la comunicación.

Las conversaciones para la acción se mantienen para establecer acciones futuras y tomar responsabilidad de las necesidades presentes. **El objetivo de estas conversaciones es lograr que algo pase.**

Algunas preguntas propias de una conversación para la acción son:

- ¿Cuál es la próxima necesidad más prioritaria para resolver?
- ¿Qué es lo que puedo hacer por ti?
- ¿Podrías hacer determinada cosa para mí?
- ¿Para cuándo es necesario que esté terminado?
- ¿Cómo determinaremos que he/hemos cumplido?
- ¿Qué sucede si no logramos hacerlo a tiempo?
- ¿Quién podría hacer determinada tarea?
- ¿Qué necesitamos para tener éxito en determinadas acciones?
- ¿Qué posibles acciones podríamos llevar adelante?
- ¿Qué posibles conversaciones deberíamos tener?

Un equipo que no tiene conversaciones para la acción frecuentemente se verá estancado en un lugar, sin generar valor ni intervenir en su contexto de forma efectiva.

Es necesario tener este tipo de conversaciones constantemente y así, mantener vivo el flujo de compromisos y ser conscientes del proceso de trabajo que se está realizando dentro del equipo.

Conversaciones de aprendizaje

"Yo no puedo creer que los sueldos de este mes no estén registrados en la contabilidad de la empresa. ¡Todos los meses nos pasa lo mismo! ¿Cómo puede ser?"

En tanto este equipo no mantenga conversaciones de aprendizaje, nada cambiará.

En las conversaciones de aprendizaje evaluamos nuestro desempeño como equipo y con personas dentro del equipo.

Estas conversaciones son efectivas si es posible brindar feedback abierto y honesto, distinguiendo las afirmaciones de las opiniones, los hechos de las interpretaciones e identificando los estados de ánimo en los que cada integrante se encuentra.

Una conversación de aprendizaje facilita encontrar respuestas a preguntas tales como:

- ¿Qué es lo que no está funcionando como equipo?
- ¿En qué compromisos hemos fallado?
- ¿Cuáles creemos que son las causas de esos errores?
- ¿Qué cosas nos gustaría cambiar?
- ¿En qué ámbitos podríamos mejorar?
- ¿Qué aspectos de la comunicación creemos que debemos modificar?

Una conversación de aprendizaje promueve el cambio y abre la puerta a una futura conversación de innovación o una conversación para la acción para que, a través de ellas, el equipo atienda las necesidades identificadas.

Conversaciones de innovación y adaptación

— Hemos identificado un problema en la línea de producción de manzanas de exportación, específicamente en la etapa de clasificación según su calibre— comenta Alberto.

— ¿Y qué tienen pensado hacer al respecto?—pregunta Analía.

— Ni idea—dice Alberto.

En este equipo hacen falta las conversaciones para la innovación y adaptación que permiten modificar las formas de trabajo y los procesos para mejorar la calidad de los entregables, las relaciones entre los miembros del equipo y con el cliente.

Estas conversaciones ponen a los integrantes del equipo como protagonistas de su mejora continua y facilita encontrar respuestas a preguntas tales como:

- ¿Qué aspecto de nuestro quehacer diario creemos que podemos hacer diferente y cómo?

- ¿Qué mejora esperamos obtener por el hecho de hacer algo de manera diferente?
- ¿Cuándo evaluaremos el impacto del cambio introducido?
- ¿Qué prioridad tiene este cambio con relación a otras posibles mejoras?

Inmediatamente después de la conversación de innovación y adaptación se pasa a una conversación para la acción. Si no se realizar este pasaje, entonces, nada sucederá.

Conversaciones nocivas

Hasta ahora me he referido a las conversaciones significativas como aquellas que acercan hacia el logro de nuestros objetivos y la mejora continua.

También existe otro tipo de conversaciones que transcurren en el sentido contrario, es decir, alejan del logro de nuestros objetivos o, en el mejor de los casos, nos estancan evitando que vayamos más allá de donde estamos. Juan Carlos Lucas (El Arte de Hacer Historia, 2013) las denomina *conversaciones empantanantes*.

A continuación, presento algunas de ellas.

Conversaciones pesimistas

"Este producto será un fiasco" o "así como va este negocio, vamos directo a estrellarnos contra una pared."

Si bien no es nocivo advertir este tipo de conversaciones, sí resulta nocivo el hecho de no hacer nada al respecto.

Este tipo de conversaciones pesimistas, sin acciones de mejora asociadas generan estados de ánimo negativos dentro de los equipos y empresas.

Puede suceder que sea más fácil emitir el presagio de fracaso en lugar de hacer algo al respecto. Posiblemente las personas que mantienen reiteradas conversaciones pesimistas tengan miedo a asumir el compromiso o teman que su oferta de cambio sea rechazada.

¿Cómo se puede transformar esta conversación en una conversación significativa?

A continuación, comparto algunas estrategias:

1. Identificar qué es lo que no está funcionando correctamente (mantener una conversación de aprendizaje).
2. Identificar qué alternativas hay para mejorar (mantener conversaciones de innovación y adaptación).
3. Realizar una oferta para tomar responsabilidad de las acciones identificadas como necesarias y generar un compromiso de mejora (mantener una conversación para la acción).

Conversaciones de críticas

"Esa propuesta que preparaste la semana pasada es un desastre. Yo sé lo que te digo, literalmente un desastre. ¿Cómo no iba a rechazarnos el cliente?"

Me veo inmerso en una conversación de críticas cuando emito opiniones negativas asumiendo que esas opiniones son afirmaciones. En esos casos, no llego a ver que esa opinión surge de mi interpretación personal, de mi modelo mental, y la tomo como una verdad absoluta. De esta forma cierro cualquier posibilidad de análisis al respecto. En el ejemplo anterior, esto mismo se puede observar cuando la persona afirma: "esto es un desastre".

La forma de salir de la trampa de este tipo de conversaciones y hacer un movimiento hacia una serie de conversaciones significativas puede ser:

1. Analizar si las opiniones son fundadas.
2. Analizar si el pedido realizado fue claro.
3. Si el pedido fue claro, realizar un reclamo.
4. Si el pedido no fue claro, identificar posibles mejoras y, para ello, mantener conversaciones de innovación y adaptación.
5. Generar compromisos de acción a futuro a través de conversaciones para la acción.

Conversaciones de quejas trianguladas

"¡¿A vos te parece la clase de especificación que hizo Mario con respecto a la nueva funcionalidad de facturación?! Está totalmente desprolija, confusa y errada. Yo creo que la debe haber hecho de un día para el otro, sin mucha anticipación. ¡Qué irresponsabilidad!"

Esta conversación sucede cuando me quejo ante alguien sobre una situación que hizo un tercero y con la que no estoy conforme. La mayoría de las veces la persona con la que me quejo no tiene influencia sobre la situación en cuestión. Por ejemplo, me quejo con mi esposa sobre algo que hizo un compañero de oficina.

Este tipo de conversaciones son muy habituales porque evitan la exposición que tiene el hecho de hacer este reclamo a la persona involucrada en el problema.

Para pasar de este tipo de conversaciones nocivas hacia conversaciones significativas es necesario juntar valor y realizar un reclamo respetuoso a la persona indicada.

Conversaciones de buenos deseos

"Sería bueno que alguien abra las puertas por la mañana."

"Deberíamos reunirnos más seguido."

"Habría que enviar un e-mail con el resumen de la situación."

Todos estos son ejemplos de buenos deseos, conversaciones que ocurren frecuentemente y que no llevan absolutamente a ningún lado.

Para salir de este tipo de conversaciones nocivas se puede generar una conversación para la acción. Para ello, sugiero hacernos estas preguntas:

- ¿Puedo llevar adelante esta idea? Y si no, ¿quién podría hacerlo? ¿Ya se lo he pedido?
- ¿Cómo estoy contribuyendo al problema? ¿Qué cosa no estoy haciendo y podría hacer?

- ¿Cómo puedo expresar la idea en forma de un compromiso? Es decir, ¿cómo puedo pasar del *hay que* al *voy a*?

Para Reflexionar

Toma unos minutos y reflexiona sobre el tema tratado en este capítulo.

1 . *¿Cuáles fueron los principales quiebres acontecidos en tu carrera que, a tu juicio, constituyen hitos relevantes en el profesional que eres ahora?*

2 . *¿Qué situaciones de tu ámbito profesional no quieres que sigan sucediendo? Declara los quiebres al respecto.*

3. *¿Qué relación encuentras entre los quiebres y las conversaciones?*

4. *¿Qué papel te parece que tienen las conversaciones en la constitución de los equipos?*

Para Practicar

Ya sea por el acontecimiento de un quiebre (sucede algo que no espero) o por la declaración de un quiebre (cambia algo que yo espero y no es lo que hay ahora), aparece un nuevo estado posible en el futuro que es ese al que yo quisiera llegar: resolver la situación, lograr mi objetivo.

- **Estado actual** que llamaré **A**: lo que sé, lo que puedo, lo que tengo, lo que SOY.
- **Estado futuro posible** que llamaré **B**: lo que no sé, lo que no puedo, lo que no tengo, lo que no SOY y QUIERO SER.

Entre los estados A y B hay una brecha. Esa es la **Brecha de Aprendizaje**. Esta brecha aparece ante un deseo o una insatisfacción. Sin deseo o insatisfacción (sin quiebre) no hay brecha.

Entonces, si no hay quiebre, no hay brecha. Si no hay brecha, no hay coaching. Por lo tanto: si no hay quiebre no hay coaching.

Si no hay quiebre no hay coaching.

Es TAN importante el concepto de quiebre en coaching, que te propongo dedicar mucho tiempo a practicar sobre este tema.

Una de las bases de tu éxito como coach radica en tu capacidad de identificar quiebres y trabajar con ellos.

En este capítulo, te invito a prestar atención a cada conversación en la que te veas involucrado/a y aproveches cuatro de estas conversaciones como oportunidades para indagar acerca de los quiebres.

Para ello, te invito a imaginarte siendo el coach (si es que no lo eres) y será necesario que elijas conversaciones en las que tu interlocutor (llamémoslo cliente: una persona o un equipo) exprese tener un problema.

En cada una de estas oportunidades, indaga sobre los siguientes aspectos:

- ¿Cuál es el problema o la insatisfacción planteada?
- ¿Por qué esto es un quiebre para este individuo o equipo?
- ¿Qué le impide a este individuo o equipo hacerse cargo del quiebre por sí mismo?
- ¿Qué necesita aprender este individuo o equipo para hacerse cargo de lo que le pasa?

IMPORTANTE: No es necesario, por ahora, que ayudes a resolver o disolver su quiebre. El objetivo de esta práctica es exclusivamente identificar quiebres y contextualizarlos.

En el futuro avanzaremos hacia espacios en donde podrás accionar al respecto.

1. *¿Qué descubriste realizando estas actividades?*

10

EMOCIONES

Las emociones importan

 "El corazón tiene razones que la razón no entiende."

BLAISE PASCAL

Si hay algo que observo especialmente al distinguir las organizaciones tradicionales de las organizaciones más contemporáneas es, justamente, el lugar que éstas últimas les dan a las emociones de las personas.

El pensamiento cartesiano concibe a los seres humanos como puramente racionales. De hecho, el postulado de Descartes era: *pienso, luego existo*.

Durante siglos esta fue la mirada predominante de Occidente y, a partir de ella han nacido y crecido las organizaciones de esta parte del mundo.

Se suele considerar que entre personas racionales no hay lugar para las emociones y no está bien visto mostrarlas, más vale deben ser ocultadas.

¿Alguna vez has escuchado la frase *los hombres no lloran?*

Esa frase es un claro ejemplo de cómo la sociedad occidental considera a las emociones y da una pista muy concreta sobre la forma en que las culturas organizacionales predominantes en esta parte del mundo tratan a las emociones en el contexto laboral: no deben existir, se trabaja desde la razón y no desde la emoción.

Lamentablemente, aún son mayoría las organizaciones que no reconocen las emociones como parte constitutiva del actuar de las personas.

Así y todo, las generaciones actuales que comienzan a ocupar gran parte de las plazas laborales están aportando un modo distinto de considerar el balance entre racionalidad y emotividad. La fuerza de esta nueva presencia está empujando tanto a líderes como a coaches hacia la necesidad de un profundo entrenamiento en materia emocional.

Personalmente, me considero afortunado por pertenecer al mundo del trabajo en estos tiempos porque creo en la importancia radical de las emociones. A diferencia de lo que sostienen los viejos postulados, pienso que dejar las emociones en un segundo plano es perjudicial y hasta peligroso en tanto no sólo actuamos desde nuestra razón sino también desde nuestra emoción.

En este capítulo presento dos habilidades referidas a las emociones: la **inteligencia emocional**, que permite reconocer y racionalizar las emociones y la **competencia emocional**, que permite intervenir sobre las emociones previamente identificadas y así obtener mejores resultados.

Emociones y Estados de ánimo

Antes de avanzar, haré una distinción entre dos cuestiones que pueden parecer lo mismo ante los ojos menos entrenados, pero que hacen una diferencia enorme para profundizar en el tema de este capítulo. Se trata de la diferencia entre emociones y estados de ánimo.

Emociones

Toda emoción se produce ante la interrupción del flujo natural de nuestra vida, ante el cambio de posibilidades futuras que experimentamos.

Analizaré esta afirmación a través de un ejemplo: supongamos que estoy llegando de mi casa a la oficina. Son las 8:55am y tendré una reunión a las 9:30am con el Gerente de Operaciones para revisar el estado de los proyectos en curso. Ingreso al edificio, tomo el ascensor y, como de costumbre, presiono el botón del octavo piso.

Todo esto que acabo de hacer supuestamente acontece en un determinado espacio de posibilidades, el cual surge de mis opiniones: yo opino que si presiono el botón del octavo piso hay grandes posibilidades que el ascensor se mueva hasta el octavo piso, luego, que abra sus puertas y yo pueda descender del ascensor, etc.

Esto lo denomino el acontecer normal de un viaje en ascensor y no hay cambios emocionales asociados a este fluir de situaciones. Este espacio se denomina *la transparencia* en el coaching ontológico.

Imaginemos ahora que, a los pocos segundos, cuando el ascensor está a la altura del quinto piso, escucho un fuerte ruido metálico, la cabina frena abruptamente, una de las personas que viaja conmigo grita muy fuerte y se apagan las luces por completo. Nada de esto estaba dentro de mi espacio de posibilidades, el fluir de mi vida se vio abruptamente interrumpido.

Acaban de suceder cosas que no había considerado como posibilidades ciertas, y todo lo que para mi eran casi obviedades ha dejado de serlo: ya no es obvio que el ascensor se detendrá en el octavo piso, ni que bajaré en dicho piso, ni que llegaré a las 9:05am a mi escritorio, ni siquiera sigue siendo obvio que estaré a salvo.

En este momento emociono, sin importar cuál sea la emoción: miedo, alegría, excitación, asombro, pánico, etc., Definitivamente, una emoción me invadirá. Lo que la detonó fue el quiebre de la transparencia.

Lo más importante a tener en cuenta es que: **es nuestro modelo mental el que determina la emoción que surge**.

Toda emoción se produce frente a un hecho determinado. En este sentido, las emociones son reactivas y las disparan los acontecimientos. Por lo tanto, al identificar la emoción es posible identificar el acontecimiento que le dio origen. Si desaparece el acontecimiento, desaparece la emoción asociada al mismo. Otros ejemplos de emociones son: la vergüenza, la culpa, la pena, el orgullo, la rabia, el desprecio.

Estados de ánimo

A diferencia de las emociones, los estados de ánimo no son disparados por los acontecimientos, sino que nos invaden: no los vemos venir, de repente, nos encontramos sumergidos en ellos. Ejemplos de estados de ánimo son: la resignación, la aceptación, la ambición, el resentimiento, etc.

Los estados de ánimo condicionan nuestro observar del mundo. Es decir, la percepción del mundo está fuertemente influenciada por ellos. El mismo atardecer puede significar para cada uno un acontecimiento diferente según el estado de ánimo en el que se encuentra una persona.

Al condicionar el observar, los estados de ánimo también condicionan la predisposición hacia la acción. Por ejemplo: con el tiempo he aprendido a detectar los buenos y malos momentos para dar una mala noticia a mi socio. En realidad, eso que detecto es su estado de ánimo, su predisposición para escuchar la mala noticia.

*Los estados de
ánimo residen en
el trasfondo desde
el cual actuamos.*

Estados de ánimo en los equipos

Como seres humanos vivimos inmersos en algún estado de ánimo.

Ahora bien, el estado de ánimo de una persona que integra un equipo de trabajo no es un elemento aislado. No lo es porque dicho estado se contagia, trasmite, se propagan, influencia y puede ser influenciado por el entorno. Los países, las ciudades, los barrios, las familias, las organizaciones, los equipos de trabajo también tienen sus propios estados de ánimo.

El estado de ánimo de un equipo determina las posibilidades de acción que efectivamente tiene. Por ejemplo: las acciones de un equipo resignado son diferentes a las acciones de uno motivado. Y si bien, parece una obviedad, así y todo, pocas veces se considera lo que sucede como una cuestión de estado de ánimo colectivo.

Por eso, los grandes líderes son personas capaces de modelar e intervenir en los estados de ánimo de los equipos y grupos de personas en los que participan.

Inteligencia emocional

Entiendo a la Inteligencia Emocional como **la capacidad de identificar y reconocer nuestro mundo emocional y el de los demás**.

En otras palabras, ser emocionalmente inteligente, en este contexto, significa poder leer las emociones y los estados de ánimo que nos afectan y que afectan a las personas nos rodean.

Coherencia: cuerpo, emoción, lenguaje

Rafael Echeverría describe al ser humano como un complejo sistema basado en tres dominios básicos: (Echeverría, 1994).

- **Cuerpo**: físico, musculatura, postura, gestualidad.
- **Emoción**: sentimientos, predisposición para la acción.
- **Lenguaje**: las conversaciones (o pensamientos) que tenemos y

no tenemos y las historias que contamos a otros y a nosotros mismos.

Este sistema de cuerpo + emoción + lenguaje tiende constantemente a buscar una coherencia. Es decir, los tres dominios se ven influenciados y representados, al mismo tiempo, entre sí. Por ejemplo: si estoy triste, tanto mi cuerpo como mis pensamientos reflejarán esa emoción; si me encuentro envuelto en una conversación apasionada y optimista, mi emoción y mi gestualidad lo van a demostrar.

Los dominios se acompañan y reflejan. Debido a esta coherencia entre los tres dominios resulta difícil sonreír y disimular la expresión de tristeza cuando estamos tristes.

Reconstrucción lingüística de las emociones

La reconstrucción lingüística de las emociones es un concepto surgido a partir de diferentes trabajos realizados por Fernando Flores y Julio Olalla y se trata de un camino que permite *poner en palabras* las emociones y estados de ánimo que sentimos.

Considero la *reconstrucción* como **la capacidad de traducir elementos de un dominio a elementos de otro**, por ejemplo: traducir una postura corporal en una emoción, o una conversación a una emoción. De esta manera, la *reconstrucción lingüística de las emociones* es la capacidad de traducir emociones en conversaciones o pensamientos (es decir, las conversaciones que mantenemos con nosotros mismos).

Esto permite identificar la conversación que vive en el trasfondo de cada emoción y estado de ánimo.

La reconstrucción lingüística, posibilita poner en palabras las emociones y los estados de ánimo. Para ello, te invito a realizar el siguiente ejercicio siguiendo esta secuencia de cinco pasos (Olalla, 2000):

1. Identifica la experiencia de una emoción en particular (puede

ser tu propia experiencia o la experiencia que crees que alguien más está viviendo). Para encontrar el sentido de la experiencia busca la narrativa o historia disponible.

2. Describe la narrativa original separando las afirmaciones de las opiniones. Si puedes identificar un evento detonador, escríbelo como una afirmación. En este caso, estarás reconstruyendo una emoción. Si no puedes identificar el evento detonador, identifica la opinión más relevante en la narrativa. Empieza la reconstrucción escribiendo esas opiniones. En este caso, estarás reconstruyendo un estado de ánimo.

3. Si identificaste un evento detonador, anota los juicios (opiniones) sobre el evento encontrado en la narrativa.

4. Cuida que, en tu reconstrucción, la predisposición para la acción sea revelada tan específicamente como sea posible: castigar, declarar gratitud, reparar cualquier daño, esconderse, etc.

5. Recuerda: no estás definiendo un estado emocional. Por eso es importante que evites imponer tu interpretación de una emoción en particular a la experiencia de la emoción. Permite que la experiencia te hable.

A continuación, presento ejemplos de reconstrucciones lingüísticas para emociones y estados de ánimo.

Ejemplos de reconstrucción lingüística de emociones

Las emociones son reacciones ante un hecho puntual o un acontecimiento que las detona.

A dmiración

- Algo has hecho (afirmación - hecho).
- Ese algo está muy bien hecho (opinión).

- Has excedido mis expectativas (opinión).
- Si yo hiciera ese algo, quisiera hacerlo como tú lo has hecho (predisposición).

R espeto

- Algo has hecho (afirmación - hecho).
- Ese algo está muy bien hecho (opinión).
- Has cumplido con mis expectativas (opinión).
- Estoy dispuesto a seguir trabajando contigo (predisposición).

E nojo

- Algo ha ocurrido (afirmación - hecho).
- Alguien es responsable de eso (opinión).
- Ese algo me hizo perder posibilidades (opinión).
- Ese algo es una injusticia (opinión).
- Quiero castigar a ese alguien (predisposición).

M iedo

- Algo ha sucedido (afirmación - hecho).
- Alguna otra cosa puede acontecer como consecuencia (opinión).
- Si esa otra cosa acontece, yo sufriré pérdidas (opinión).
- Puedo prepararme para evitar o minimizar el impacto de ese otro acontecimiento (opinión).
- Me prepararé (predisposición).

A nsiedad

- Algo ha ocurrido (afirmación - hecho).
- Por consiguiente, alguna otra cosa peligrosa puede ocurrir (opinión).
- No sé qué hacer para evitarlo (predisposición).
- Nada puedo hacer para cambiar la incertidumbre (opinión).
- Me gustaría tener alguna certidumbre (predisposición).

E nvidia

- Alguien ha logrado algo (afirmación - hecho).
- Yo no he logrado eso (afirmación).
- Yo debería haberlo logrado (predisposición).
- El logro de esa persona no tiene mucho mérito (opinión).
- Mi falta de logro es injusta (opinión).
- Quiero lo que esa persona logró (predisposición).
- Quiero que esa persona pierda eso que logró (predisposición).

O rgullo

- He hecho algo (afirmación - hecho).
- Estoy satisfecho con lo que hice (opinión).
- Reconozco mi mérito por haberlo logrado (predisposición).
- Me felicito por ello (predisposición).

A gradecimiento

- Ha sucedido algo (afirmación - hecho).

- Eso que sucedió es maravilloso (opinión).
- Estoy agradecido a la vida y a quien lo hizo (predisposición).

Frustración

- Hice una promesa (afirmación - hecho).
- Estoy haciendo todo lo que está a mi alcance para cumplir con ella (opinión).
- A pesar de ello, no soy capaz de cumplirla (opinión).
- No tengo control sobre la situación (opinión).
- Me daré por vencido (predisposición).

Ejemplos de reconstrucción lingüística de estados de ánimo

Los estados de ánimo no son reacciones detonadas por un hecho puntual. Son estados en los que nos encontramos inmersos y se los considera predisposiciones para la acción.

Optimismo

- En la vida ocurren cosas buenas y malas (opinión).
- La mayor parte de lo que me pasa, es bueno (opinión).
- Eso va a continuar siendo así (opinión).
- Debido a mi habilidad o mi suerte (opinión).
- Voy a actuar para confirmar esta tendencia (predisposición).

Pesimismo

- En la vida ocurren cosas buenas y malas (opinión).
- La mayor parte de los que pasa, en general, es malo (opinión).

- Eso es especialmente cierto con respecto a lo que me pasa a mí (opinión).
- Esto va a continuar siendo así (opinión).
- No voy a actuar debido a esta tendencia (predisposición).

Confianza

- En la vida tengo posibilidades (opinión).
- Soy capaz de aprovechar muchas de ellas (opinión).
- Soy capaz de aprender si lo creo necesario (opinión).
- Estoy dispuesto a confirmarlo desde mis acciones (predisposición).

Resignación

- En la vida hay muy pocas posibilidades para mi (opinión).
- Soy incapaz de aprovecharlas (opinión).
- No puedo cambiarlo (opinión).
- Como consecuencia, no voy a hacer nada (predisposición).

Resentimiento

- No acepto la manera en que se ha desarrollado mi vida (opinión).
- Esto es totalmente injusto (opinión).

- Alguien pagará por esto (predisposición).

Serenidad

- En la vida, a veces ganaré y otras perderé (opinión).
- En cualquiera de los casos, estaré agradecido (predisposición).
- Continuaré haciendo sin que esto sea un impedimento (predisposición).

Aceptación

- En la vida he perdido una o varias veces (opinión).
- En todos los casos he aprendido.
- (predisposición).
- Continuaré haciendo sin que esto sea un impedimento (predisposición).

Resolución (sana ambición)

- En la vida, tengo muchas posibilidades (opinión).
- Aprovecharé algunas de ellas (predisposición).
- Comenzaré a hacerlo ahora mismo
- (predisposición).

Competencia emocional

Más arriba definí la **Inteligencia Emocional** como la capacidad de identificar y de reconocer nuestro mundo emocional y el de los demás. En este contexto, propongo considerar a la **Competencia Emocional** como **la capacidad de actuar para intervenir ante nuestras propias emociones y las de los demás.**

Si la **inteligencia** hace referencia al conocer y aprender, la **competencia** se refiere al hacer y actuar.

En el capítulo que hablo sobre responsabilidad, hago referencia a los acontecimientos externos como neutros, como información pura: ni buena ni mala. La valoración positiva o negativa del acontecimiento se hace internamente a partir de los modelos mentales. Es a partir de nuestros modelos mentales que nos predisponemos a ciertas acciones.

La competencia emocional entra en juego cuando intervengo ante las emociones que surgen de mis propias interpretaciones.

Los tres cerebros

Paul MacLean (MacLean, 1990) elaboró una teoría en la cual identifica tres formaciones o cerebros independientes, cada uno con su propia inteligencia, subjetividad, sentido del tiempo, recuerdos, etc. Estos tres cerebros se fueron formando conforme la vida fue evolucionando.

El primero de ellos es el cerebro que se desarrolló inicialmente en los reptiles. MacLean lo llama *cerebro reptiliano*.

Este cerebro, que heredamos de los reptiles prehistóricos, es el responsable de las funciones fisiológicas involuntarias de nuestro cuerpo, es decir, de la parte más primitiva: responde instintivamente a los estímulos, no piensa, no siente ningún tipo de emoción. Su valoración del mundo está atada a la supervivencia, por lo tanto, todo lo que lo rodea es amigo o enemigo.

El segundo cerebro se desarrolló en los mamíferos inferiores y MacLean lo denomina *cerebro límbico*.

Este cerebro es el responsable de nuestras emociones como el miedo, el amor, la ira, la admiración, los celos. En el cerebro límbico se encuentra la amígdala cerebral, base de la memoria afectiva, por eso también es responsable de nuestros recuerdos.

Hacia el final de la evolución de los mamíferos más avanzados, como los primates, aparece un tipo de cerebro superior al límbico, que da origen a la especie humana como la conocemos hoy en día. MacLean lo llamó **neocortex**.

El neocortex es el cerebro racional, donde se desarrollan las capacidades cognitivas como la memoria, la concentración, la autorreflexión, la resolución de problemas y la elección del comportamiento adecuado. A través del neocortex podemos expresar las emociones en palabras. Nos permite tener consciencia de ellas y controlarlas.

Para los fines y alcances de este capítulo agruparé a estos tres cerebros en dos:

- El **cerebro emocional inconsciente** que agrupa a los primeros dos primeros: reptiliano y límbico.
- El **cerebro emocional consciente** que se refiere al *neocortex*.

Secuestros emocionales

Los secuestros emocionales (Goleman, 1996) son situaciones en las que una persona se encuentra desbordada por sus emociones. En estos casos, la amígdala deja de responder con normalidad y el cerebro emocional inconsciente toma control de la situación, salteando al neocortex y conduciendo a la acción no consciente.

Algunos ejemplos de secuestros emocionales son: las discusiones en medio de la calle, lo golpes de puño entre conductores, los arrebatos de ira y la parálisis por pánico.

Al aplicar este concepto a un equipo de trabajo, es posible identificar secuestros emocionales en las cadenas de mails ofensivas, las discusiones en medio de las reuniones, las "guerras frías", las malas caras y los malos tratos.

Luego de cada secuestro emocional, es probable que la persona se sumerja en el arrepentimiento y le cueste comprender cómo es que actuó de esa manera.

La forma de evitar el secuestro emocional es prestar atención a un suceso previo denominado *desbordamiento emocional*. Este suceso es el momento en el que es posible detectarse a uno mismo yendo hacia el secuestro emocional. Al detectar ese instante, es posible generar un punto de vista *testigo* para convertirnos en observadores de nuestras emociones y, así, ser capaces de intervenir antes de la reacción inconsciente.

> *Podemos evitar el secuestro emocional si prestamos atención al suceso previo:*
> *el desbordamiento emocional.*

Por cuestiones de alcance de este material, mi intención no es profundizar sobre las emociones. Por esta razón, para quienes estén interesados en avanzar sobre estos temas, recomiendo enfáticamente la obra de Fredy Kofman, *Metamanagement*.

La intervención en las emociones

Saber intervenir a tiempo y de manera positiva en las propias emociones y ante las emociones de los demás es una competencia que resultará de gran valor en el mundo del trabajo y en la vida en general.

Ahora volvamos por un instante a considerar al ser humano como una coherencia entre cuerpo + emoción + lenguaje.

Esta tríada también se puede interpretar como un **triángulo de hierro**: cada vez que se modifica uno de sus ángulos o la longitud de uno de sus lados, se estará afectando a los otros ángulos y/o longitudes de los otros lados. Es decir, es posible intervenir en cualquiera de estos tres dominios y de esa manera, se estará afectando a los otros dos.

Por ejemplo, si tengo una emoción de euforia, esta emoción afectará la manera en la que me paro, muevo mi cuerpo, me dirijo hacia otras personas, etc. Ahora bien, si pongo música tranquila y hago un ejercicio de respiración profunda, mi cuerpo comenzará a relajarse por la respiración y la música que percibe; todo esto acontece en el dominio corporal. A la vez, mi emoción comenzará a cambiar, mi postura se adaptará y mi conversación interna y con los otros, cambiará. De esta manera, acabo de intervenir en mi coherencia.

Es posible simplificar a la intervención en sí misma en los siguientes pasos:

1. Detecto que un acontecimiento me está desbordando emocionalmente,
2. Me convierto en un observador testigo de mi emoción.
3. La racionalizo y hago la reconstrucción lingüística de la emoción.
4. Verifico afirmaciones, fundamento opiniones y me hago consciente de mis predisposiciones.
5. Me rediseño, redefiniendo mis interpretaciones, si lo considero necesario.

Para Reflexionar

Teniendo en cuenta que:

- Somos **emocionalmente inteligentes** cuando logramos **identificar y reconocer** nuestro mundo emocional y el de los demás.
- Somos **emocionalmente competentes** cuando logramos **actuar e intervenir** en nuestro mundo emocional y en el de los demás.

Te propongo reflexionar sobre las emociones y los estados de ánimo.

1 . *¿Cuáles consideras que son tus emociones más habituales? (haz un listado)*

2 . *¿Dónde y cómo aprendiste a expresar cada una de ellas?*

3. *Elige una de las listadas y haz su reconstrucción lingüística. ¿Cuál elegiste? ¿Qué descubriste?*

Para Practicar

Te propongo hacer un simple ejercicio de *check-in* en la próxima retrospectiva que puedas facilitar.

A menudo se hace difícil que las personas expresen sus emociones, especialmente cuando los miembros del equipo son tímidos o si hay nuevos integrantes, incluso para miembros con personalidades fuertes.

Esta actividad les brinda a todos la oportunidad de describir cómo se sienten acerca de un determinado tema y pensar en los eventos que desencadenaron esos sentimientos. Esto puede llevar a una conversación más profunda y significativa más adelante.

A veces, los integrantes del equipo entran en la retrospectiva con temas en mente y son muy apasionados al expresar su opinión. En esta actividad en particular, como Agile Coach debes ser consciente de mantener el foco de la conversación en las emociones del equipo y no en buscar soluciones a los problemas. Esto último lo harás a posteriori.

Utiliza esta guía paso a paso para facilitar esta actividad y luego responde, si quieres, la última pregunta:

Guía paso a paso de check-in de Retrospectiva para concientizar emociones y estados de ánimo

1 . Dibuja una línea horizontal o usa cinta en una pizarra blanca, ventana o pared.

2 . Coloca una nota autoadhesiva en un extremo con una cara sonriente y otra nota autoadhesiva en el otro extremo con una cara triste para crear el rango de emociones.

3 . Proporciona a cada miembro del equipo una nota autoadhesiva.

4 . Invita a que cada uno de ellos escriba una palabra que describa cómo se sienten con respecto al último Sprint o cualquier otro suceso que tú quieras resaltar. Utiliza 2-3 minutos para la escritura.

5 . Invita a que cada uno coloque su nota autoadhesiva sobre la gama de emociones en las que creen que encaja mejor su sentimiento.

. . .

6. Revisa las emociones y haz una reconstrucción lingüística de cada una, individualmente. El foco está en las emociones actuales del equipo. Las soluciones a los problemas no deben ser discutidas todavía.

7. Una vez que todos hayan podido reconstruir lingüísticamente sus emociones, agradece su apertura y por compartir sus emociones. Invítalos a compartir sus descubrimientos al respecto.

1. *¿Cómo te fue? ¿Qué descubriste haciendo este ejercicio?*

11

EMPODERAMIENTO

El poder

 Casi todos los hombres pueden soportar la adversidad, pero si quieres probar el carácter de un hombre, dale poder.

ABRAHAM LINCOLN

Hay algo en la frase previa que puede ayudar a comprender la concepción que se le ha dado tradicionalmente al poder: algo que está fuera nuestro y que nos lo dan o lo tomamos, como un objeto.

Si lo concebimos fuera de nosotros y como algo a lo que podríamos acceder, muchas veces consideramos que el poder es un bien escaso el cual alcanzan unos pocos. Pareciera que no hay poder para todos y si lo obtengo yo, al ser mío, es un poder al cual el otro no puede acceder.

En este sentido, el poder se identifica con la autoridad para mandar, dominar o influir sobre otros.

Sin embargo, existen otras concepciones del poder que no se suelen tener tan presentes. Tan sólo buscar su definición en Google y se obtienen varios resultados, entre ellos:

- Tener la capacidad o facultad de hacer determinada cosa.
- Estar [una persona] en condiciones de hacer determinada cosa por no haber nada que lo impida.

Como se puede observar, la primera definición se refiere a "tener la capacidad de", y la segunda definición menciona "no haber nada que lo impida".

A partir de estas observaciones, te invito a reflexionar sobre las siguientes preguntas:

- ¿Quién define lo que significa tener la capacidad?
- ¿En qué punto una persona puede comenzar a tener esa capacidad o dejar de tenerla?
- ¿Quién determina que hay algo o nada que pueda impedir?

También te invito a pensar en ese *quién* como un observador.

Entonces, si hay un observador que puede determinar que alguien o algo tiene capacidad o que hay cosas que pueden o no impedir su acción, se puede considerar que el poder se basa en opiniones.

Entender el poder
como una opinión,
abre múltiples
posibilidades.

La opinión del poder

Si consideramos al poder como una opinión, ya no es algo que está afuera y al que alguien puede acceder. El poder, entonces, es un juicio que un observador emite acerca de la capacidad de acción que tiene algo o alguien.

Desde esta perspectiva, la **capacidad de acción** es lo que utilizamos como criterio para emitir el juicio de poder. Mientras mayor sea la capacidad de acción de una entidad, juzgaremos que mayor poder tiene.

Ahora bien, este juicio de poder lo podemos emitir con base en dos observaciones posibles:

- Puedo juzgar que una entidad es poderosa porque la veo haciendo algo y **ejerce ese poder**.
- Puedo juzgar que una entidad es poderosa porque tiene la capacidad de hacer algo, es decir, tiene la **posibilidad de acción**.

En el segundo caso, el juicio de poder no se basa en hechos observables sino en otro juicio: mi opinión sobre la posibilidad que una entidad tiene de hacer algo que aún no ha realizado.

Además de interpretarlo como un juicio sobre la capacidad de acción, es posible considerar a la opinión de poder como un **juicio de comparación** (Echeverría, 1994). El opinar que una entidad es poderosa se hace comparando su poder con otra entidad similar o con algún estándar social.

Doy poder al aceptar

Cuando un gerente de área decide reestructurar los equipos de trabajo, esa reestructuración es posible dada la autoridad que tiene. Si este gerente no tuviese autoridad sobre él área, esa declaración no generaría cambios.

Ahora bien, ¿por qué, bajo estas condiciones de ejercicio de poder los equipos se reestructuran?

Hay muchas respuestas a esta pregunta, por ejemplo, dos respuestas posibles y extremas son:

- Porque las personas del área están de acuerdo con el gerente.

- Porque si no lo hacen podría haber consecuencias desafortunadas, por ejemplo, perder su trabajo.

En el último caso, las personas están eligiendo la reestructuración en lugar de perder el trabajo. Es decir, son las personas quienes, en definitiva, eligen aceptar el pedido del gerente y obedecer.

La herramienta que el gerente tiene para hacer valer su palabra es la autoridad conferida por la organización.

Recuerdo en mi adolescencia haber ido a un estadio de fútbol. A minutos de comenzar el partido, se nos acercaron unas personas y con voz amenazante, y un destornillador en la mano a manera de arma, nos pidieron que les cedamos los lugares. Nosotros accedimos sin dudarlo.

Estas personas no tenían autoridad sobre nosotros, lo que tenían era fuerza para hacer cumplir sus pedidos.

Ya sea la autoridad en el caso del gerente como la fuerza en el caso de los hinchas de fútbol, fueron elementos para apalancar el poder de su palabra. También se puede citar el dinero, la seducción y la posición social como otras formas de apalancar el poder de las palabras.

Ahora bien, en todos estos casos, el poder se ejerce imponiendo la palabra de unos sobre los otros. Es decir, esta forma de poder radica en la aceptación de ese poder. Estas personas no tienen poder por sí mismas, sino que el poder se lo da quien acepta sus pedidos.

El poder,
en definitiva,
reside en
las palabras.

Incremento del poder

Si el poder es una opinión sobre la capacidad de acción o la posible capacidad de acción de una entidad, para incrementar el poder de una persona será necesario incrementar su capacidad de acción o sus posibilidades de acción.

El poder aumenta cuando:

- Una persona aprende: puede hacer cosas que antes no era capaz de hacer.
- Una persona considera (opinión) que hay un aumento en las posibilidades de acción que posee.

Aprender da poder

El aprendizaje es un juicio por el cual un observador evalúa el proceso mediante el cual una persona ha pasado de no saber hacer algo a incorporar esa acción de manera efectiva. Es decir, puedo decir que aprendí cuando hago efectivamente aquello que antes no sabía hacer.

Al incorporar nuevas acciones efectivas y aprender, aumento mi capacidad de acción, entonces, incremento mi poder.

Lo que veo como posible me da poder

En los equipos ágiles, al finalizar cada iteración o Sprint, por lo general, se realiza una retrospectiva.

La directiva principal de una retrospectiva es:

Independientemente de lo que descubramos, debemos entender y verdaderamente creer que todo el mundo hizo el mejor trabajo posible, dado lo que sabían en ese momento, sus habilidades y capacidades, los recursos disponibles y la situación particular.

NORM KERTH, PROJECT RETROSPECTIVES: A HANDBOOK
FOR TEAM REVIEW

Esta directiva habla de la aceptación del pasado. Lo pasado pasó, ya no lo podemos cambiar. Podemos lamentarnos tanto como queramos y, sin embargo, nada cambiará lo que ha sucedido.

Aceptar lo que pasó se opone al resentimiento. Cuando dejamos de ver y juzgar el pasado y nos enfocamos en el futuro para descubrir todas las posibilidades que pueden de ser aprovechadas, se incrementa nuestro poder.

Tomar responsabilidad por las acciones pasadas no implica darse latigazos por lo mal hecho, sino aceptar que no se han hecho las cosas como nos hubiese gustado hacerlas y poner manos a la obra para, así, intervenir en el devenir de los resultados de nuestras acciones pasadas.

Aceptar lo que pasó
y construir un nuevo
futuro a partir de ello,
da poder.

Un cliente poderoso

Como coaches, disponemos de varios dominios de acción a través de los cuales es posible acompañar a nuestros clientes en su empoderamiento, entre ellos:

- Conocerse y apreciarse a uno mismo.
- Incrementar posibilidades.
- Rodearse de un contexto motivante.

A continuación, presento una descripción de cada uno de estos dominios.

Conocerse y apreciarse a uno mismo

El acompañar a los clientes a reconocer y apreciar sus capacidades y habilidades, los ayuda a desarrollar su propio poder.

Apreciar sus capacidades y competencias ayuda a los clientes a expandir sus mentes y reunir el coraje necesario para emprender nuevas acciones.

Como coaches, tenemos muchas herramientas para acompañar en esa dirección, por ejemplo:

- Dar retroalimentación precisa sobre hechos positivos que

sustenten un juicio de efectividad en nuestro cliente.

- Ayudar a identificar explícitamente sus fortalezas, valores, talentos, habilidades, conocimientos, etc.
- Incentivar su sentido de propósito.
- Alentar su ambición saludable.
- Tender puentes entre las posibilidades existentes en la organización y las habilidades de nuestro cliente.
- Estar atentos a sus juicios y la posibilidad que estén viviendo una opinión como si fuera una afirmación.

La falta de motivación por haber llevado a cabo acciones que no tuvieron el resultado esperado es un inhibidor del poder. En ese caso, es importante acompañar al cliente para que pueda aceptar ese pasado y comprender que si hoy lo mira con ojos críticos, ya está siendo transformado. De esta manera, podrá explorar alternativas que le ayuden a incrementar su capacidad de acción.

Darles apoyo en este sentido, puede ayudar a que se mantengan alertas y ver opciones que antes no lograban ver.

Como coaches, es posible aprovechar la perspectiva que ofrece el hecho de no estar dentro de la problemática del cliente para compartir con ellos nuestras observaciones al respecto.

Desafiar sus creencias y ofrecer puntos de vista alternativos posibilitará que puedan verse desde otra perspectiva y descubrir sus fortalezas, si antes no las reconocían.

Incrementar sus posibilidades

El desempeño del coaching puede generar espacios donde emerjan nuevas ideas, puntos de vista, oportunidades y opciones. Esto implica ayudar a nuestro cliente a incrementar sus posibilidades de acción.

En una sesión de coaching es posible explorar junto con el cliente diferentes situaciones hipotéticas que contribuyan a reconocer nuevos escenarios.

Uno de los sesgos cognitivos que aparece a menudo es el llamado *visión de túnel*. Este sesgo recorta la realidad y sólo deja ver aquello en lo que se enfoca la atención, por lo general, un aspecto negativo de lo que está ocurriendo o de lo que ocurrió. Si el cliente está atravesando este tipo de sesgo, solo será capaz de contemplar un elemento en concreto, dejando de lado todo el resto.

Con la visión de túnel sólo se ven las cosas perdidas y no se valora que, incluso en una situación desfavorable, puede haber alternativas positivas.

Otra forma de experimentar la visión de túnel es no ser capaz de vivir una experiencia en su totalidad. En su lugar, se detecta aquello que representa un peligro dentro de un escenario más extenso.

La visión de túnel puede aparecer en el día a día y también se puede aplicar al pasado. Al volver sobre los recuerdos, se puede enfocar en determinados acontecimientos, filtrando selectivamente el resto. Por ejemplo: cuando finaliza una relación las partes implicadas recuerdan sólo lo malo o sólo lo bueno, sin considerar la totalidad de lo compartido.

Como coaches, tenemos una gran herramienta que es nuestra capacidad de indagación y podemos indagar a través de las preguntas poderosas. De esta manera, ayudaremos a ampliar el punto de vista de un cliente que se encuentra en una visión de túnel, para así encontrar aspectos que, hasta ese momento, estaba filtrando.

Rodearse de un contexto motivante

La ICF hace mención a este punto en varios apartados referidos a las competencias claves del coach. Por ejemplo:

10.4: Ayuda al cliente a identificar y acceder a diferentes recursos para el aprendizaje (por ejemplo, libros, otros profesionales, etc).

11.9: Desarrolla la capacidad del cliente para tomar decisiones, abordar preocupaciones clave y desarrollarse (obtener retroalimentación, determinar prioridades y establecer el ritmo del aprendizaje, reflexionar y aprender de las experiencias).

Desde un punto de vista sistémico, cada uno de nosotros influencia al sistema en el que está inmerso mediante sus acciones y, a su vez, se ve influenciado por él.

Nuestro interés como coaches, es que el cliente construya un sistema que lo transforme en un individuo o equipo más poderoso. La mayoría de las veces eso que se necesita ya está allí. En ese caso, nuestro trabajo es ayudarlo en su descubrimiento.

El desempeño del coach implica acompañar a los clientes a identificar elementos en su entorno que puedan apoyarlos y sostenerlos a medida que alcancen sus propios objetivos.

Esa búsqueda implica encontrar personas, herramientas, técnicas y grupos que conformen un contexto en el que los clientes se sientan alentados y apalancados en el logro de sus objetivos. Se trata, pues, de construir un sistema que sostenga a la persona, diseñado de manera personalizada en función de sus propias necesidades.

Contar con un
contexto que
nos apoye y motive,
aumenta nuestro propio poder.

El poder en un equipo

Las mismas distinciones recién analizadas para las personas pueden aplicarse también al coaching de equipos. A continuación, se presenta cómo intervenir en estos casos.

Conocerse y apreciarse

Una situación que suele suceder en los equipos es que se dan por sentado en sus virtudes y debilidades. Sin ir más lejos, yo creo que nos pasa seguido en nuestros lugares de trabajo: llega un momento que nos damos por sentado, en todas nuestras bondades y defectos.

El acompañar a un equipo a reconocer lo bueno que hay en ellos y apreciarse por eso, los empodera para tomar acción.

Revivir todas esas situaciones pasadas, que hoy pueden estar dando por sentado y se ubican en el ámbito de lo invisible, puede ayudar a un equipo a volver a identificar y explicitar las fortalezas de cada uno de los miembros, plantear un nuevo panorama y tomar acción desde una nueva perspectiva.

Incrementar sus posibilidades

He visto muchas veces cómo los equipos tienden a querer salir a resolver los problemas de inmediato, de la misma forma en la que siempre han hecho las cosas (o con mínimos cambios al respecto), apoyándose en las mismas personas para las mismas tareas, como un patrón que repiten una y otra vez.

Para ayudarlos a salir de su visión de túnel es posible:

- Invitarlos a revisar este comportamiento repetitivo.
- Analizar nuevas opciones.
- Explorar escenarios hipotéticos.
- Hacer pequeños experimentos.

Salir de la zona de confort también invita al aprendizaje y, por consiguiente, desarrolla el poder del equipo.

Un frecuente inhibidor de posibilidades dentro de una organización es la creencia que tienen los equipos acerca de las cosas que no están permitidas en esa cultura: lo que no les dejarían hacer.

Esta creencia es un juicio limitante. En este caso, es importante ayudar al equipo a explorar la fundamentación de esos tipos de juicio para descubrir cómo estaban actuando con base en una creencia e identificar qué otras posibilidades de acción existen o se podrían crear.

Rodearse de un contexto motivante

En el desempeño del coaching a un equipo existe la posibilidad de generar un espacio para que los integrantes puedan crear un contexto motivante. En estos casos podemos destacar lo siguiente:

- Acompañarlos a identificar aquellas cosas que los ayudan a avanzar y aquellas que los detienen.
- Maximizar los factores positivos: encontrar nuevas

oportunidades y aliados en quienes apoyarse para abrir espacios en los que se sientan empoderados.

- Minimizar los aspectos negativos y eliminar obstáculos también contribuye significativamente al desarrollo del poder del equipo.

El poder desde la agilidad

La agilidad abre muchas posibilidades de desarrollar el poder en los equipos de trabajo.

Desde el momento en que un equipo puede detenerse a reflexionar sobre su manera de hacer, analizar las causas raíces de sus problemas e identificar caminos de adaptación, se convierte en un equipo con la posibilidad de aumentar su poder, iteración tras iteración.

Muchas prácticas ágiles, como la retrospectiva, la revisión del sprint y la reunión diaria son mecanismos que ayudan a exponer las disfuncionalidades y los impedimentos organizacionales que frenan el avance de los equipos.

No siempre es posible resolver esos impedimentos, pero es posible hacer diferentes acciones para contribuir al desarrollo del poder de los equipos:

- Ayudar a salir de la resignación o del resentimiento por la imposibilidad del cambio inmediato.
- Acompañar en la aceptación temporal, a la vez que se mantienen las conversaciones necesarias para resolver los impedimentos que exceden al equipo.
- Elaborar estrategias de mitigación o contingencia frente a estos impedimentos.
- Comunicar las disfuncionalidades a aquellas personas que tengan la influencia necesaria para poder actuar con respecto a los impedimentos.
- Acompañar al equipo en el desarrollo de las habilidades de comunicación necesarias para interactuar con los líderes a nivel organizacional.

Para Reflexionar

Pensando en los equipos en los que estás haciendo coaching o a los que perteneces, reflexiona acerca de las siguientes preguntas.

1. *¿Qué mundo de posibilidades habitan? Del 1 al 10, ¿Qué tan poderoso es ese mundo?*

2. *¿Qué tan capaces son los integrantes para reconocer sus fortalezas y debilidades?*

3. *¿Cómo dirías que se llevan con respecto al aprendizaje y a los impedimentos que están fuera de su alcance?*

Para Practicar

Diseña una dinámica de equipo que dé lugar a su empoderamiento. Esto es:

- Conocerse y apreciarse.
- Incrementar sus posibilidades.
- Rodearse de un contexto motivante.

1. *¿Qué dinámica diseñaste y cómo te fue?*

12

PREGUNTAS PODEROSAS

El poder de las preguntas

Las preguntas nos permiten encontrar respuestas. Cada respuesta que encuentro en mí mismo activa mi capacidad de darme cuenta de algo, también conocido como *insight*.

Los comportamientos están relacionados íntimamente con los pensamientos y éstos cambian cuando el cerebro teje nuevas redes neuronales. Los cerebros tejen nuevas redes neuronales cuando tienen un *insight*, no cuando reciben consejos (Bachrach, 2016). Por esta razón, las preguntas tienen mayores chances de promover cambios que los consejos.

Las preguntas tienen el poder de hacernos pensar y nos mueven más allá de lo que los otros dicen.

Las conversaciones de coaching se focalizan mucho más en los pensamientos de los clientes y mucho menos en los pensamientos del coach. Como coach, comienzas a escuchar más, a hablar menos, y son los clientes quienes las protagonizan.

Las preguntas operan bajo los siguientes supuestos (Stoltzfus, 2013):

- Toda la información la tienen los clientes.
- La indagación crea compromiso.
- La indagación empodera.

Tony Stoltzfus, en su libro *Coaching Questions: A Coach's Guide to Powerful Asking Skills*, plantea que es posible hacer preguntas poderosas o débiles. Las preguntas débiles son más comunes de lo que solemos considerar. A continuación, te acerco un breve resumen de éstas, llevadas al campo de los equipos ágiles y analizaremos cómo se pueden evitar en las intervenciones de coaching.

Preguntas Cerradas

Una **pregunta cerrada** es aquella que permite una cantidad limitada de respuestas, generalmente dos: sí o no, blanco o negro, arriba o abajo. Las preguntas cerradas crean conversaciones apagadas, aburridas, pesadas.

En cambio, las **preguntas abiertas** invitan al cliente a pensar y establecer conversaciones consigo mismo para elaborar sus respuestas. Como estas preguntas pueden ser respondidas de múltiples maneras, hacen que el cliente pueda a llevar el curso de la conversación.

Una técnica eficiente para utilizar cuando te descubras a punto de hacer una pregunta cerrada es poniéndole la palabra *qué* o *cómo* delante y, así, transformarla en una pregunta abierta. Por ejemplo:

Pregunta Cerrada: ¿Hay alguna conversación faltante con el Product Owner?

Pregunta Abierta: ¿Qué conversaciones crees que faltan con el Product Owner?

Pregunta Cerrada: ¿Has incluido el refactoring en el Definition of Done?

Pregunta Abierta: ¿Qué contempla el Definition of Done? o ¿Cómo hacen refactoring?

Pregunta Cerrada: ¿Necesitan algo para reunirse y hacer refinamiento?

Pregunta Abierta: ¿Qué necesitan para reunirse y hacer refinamiento?

Preguntas orientadas a la solución

Las preguntas orientadas a la solución son un subconjunto de preguntas cerradas. Se pueden considerar consejos encerrados entre signos de pregunta: quiero ayudar a mi cliente a encontrar respuestas y recuerdo que estoy haciendo coaching, entonces doy un consejo disfrazado de pregunta.

Este tipo de preguntas deterioran la relación porque atentan contra la confianza entre las partes involucradas.

Y tampoco permiten que los clientes encuentren su máximo potencial porque, al responderlas, estarán limitados a hacer lo que el coach cree que hay que hacer y no lo que ellos consideran posible.

Una manera de identificar este tipo de preguntas es observando la forma en la que comienzan, por ejemplo: ¿No deberías...? ¿No tendrías que...? ¿No podrías...?

Las preguntas orientadas a la solución son consecuencia de un proceso interno en el cual el coach:

1. Escucha algo de su cliente que despierta su curiosidad.
2. Forma un supuesto sobre cuál es el problema subyacente.
3. Elabora una solución a ese supuesto problema.
4. Ofrece esa solución a su cliente.

Para evitarlas:

1. Identifica qué es aquello que dijo el cliente que despertó tu curiosidad o inquietud.
2. Pregunta sobre ello en lugar de suponer cuál es el problema subyacente.

A continuación, presento algunos ejemplos:

Pregunta Orientada a la Solución: ¿No deberías validar con el Product Owner antes de modificar el backlog?

Pregunta Abierta: ¿Qué riesgos encuentras al modificar el backlog por ti mismo?

Pregunta Orientada a la Solución: ¿No crees que tener una visión beneficiaría al equipo en la toma de decisiones?

Pregunta Abierta: ¿Qué crees que necesitaría el equipo para poder tomar mejores decisiones?

Pregunta Orientada a la Solución: ¿Podrías usar la retrospectiva para aumentar la conciencia sobre el re-trabajo?

Pregunta Abierta: ¿Qué peligros ves al no haber consciencia sobre el re trabajo?

Pregunta Abierta: ¿Qué sería necesario para que el equipo pueda conversar acerca de esos peligros?

La pregunta de la verdad

La pregunta de la verdad es esa única pregunta que develará los secretos del universo para todos los clientes.

Lo ideal es evitar las preguntas de la verdad porque siempre se ven precedidas por un largo silencio mientras se busca dentro de la propia cabeza la respuesta a esa pregunta de oro, lo cual tiene como consecuencia la pérdida de la fluidez en la conversación.

Para evitar las preguntas de la verdad, es importante enfocarse en ayudar a los clientes a explorar, más allá de lo habitual, sus modelos mentales y sus percepciones. No será esa pregunta la que haga la diferencia. Para ellos, se puede reemplazar esas preguntas por frases que inviten a los clientes a desarrollar más eso que están diciendo. Por ejemplo:

- Cuéntame más al respecto.
- Por favor, profundiza más acerca de eso.

- Dijiste que... Por favor, amplía.

Preguntas laberínticas

Se trata de un tipo especial de la pregunta de la verdad.

Algunos coaches no pueden evitar hacer la misma pregunta de tres o cuatro maneras diferentes antes de dar la posibilidad a sus clientes de responder. Para el momento en que terminan de preguntar hay un cierto aire de confusión en la conversación y se han quedado en el camino respuestas interesantes que podrían haber sido de utilidad para el cliente.

Dos razones por la cual los coaches hacen preguntas laberínticas son:

1. Comienzan a preguntar mientras están aún pensando qué preguntar. Entonces van construyendo o reconstruyendo la pregunta en el momento.

La **solución**: hacer una pausa, pensar y luego preguntar. Es importante evitar sentirse intimidado por los silencios. Los silencios son un gran recurso, incluso pueden dar tiempo a los clientes para reflexionar sobre lo que acaban de decir.

1. Les preocupa demasiado que la pregunta sea comprensible para los clientes. La necesidad de ser comprendidos surge a partir de la intención de determinar la dirección de la conversación.

La **solución**: dejarla propia agenda y permitir que sea el cliente quien conduzca la conversación. Preguntemos lo que surja y permitamos que nuestros clientes nos sorprendan con sus respuestas.

Preguntas Interpretativas

Este tipo de preguntas se formulan en base a las propias interpretaciones de lo que dice el cliente.

Por ejemplo, un cliente dice: "Me está resultando difícil, últimamente, querer trabajar con José. Estoy decepcionado con su trabajo, no está mostrando el compromiso que necesito y no dejo de trabajar hasta tarde en casa". Si pregunto: "¿Hace cuánto tiempo que odias a José?" Es probable que obtenga una reacción del cliente del tipo "Espera un minuto- ¡Nunca dije que odiaba a José!".

¿La razón de esta reacción? La pregunta revela la interpretación de lo que el cliente dijo.

Es importante evitar las preguntas interpretativas porque erosionan la confianza al poner la visión propia del coach en el cliente. De esta manera, se bloquea el flujo conversacional ya que la persona responde negativamente a ese análisis.

Una técnica práctica y directa para evitar las preguntas interpretativas es desarrollar el hábito de incorporar las propias palabras del cliente en nuestras preguntas.

Siguiendo con el ejemplo anterior, podría preguntar: "¿Cuánto tiempo has estado decepcionado con el trabajo de José?"; "¿qué tipo de compromiso buscas que no consigues?"; "¿qué es lo que te lleva a trabajar hasta tarde en tu casa?"

Preguntas Retóricas

Las preguntas retóricas son declaraciones de nuestra propia opinión de la situación en forma de pregunta.

Este tipo de preguntas provocan una respuesta defensiva y, generalmente, son muestra de un juicio o postura desarrollada en relación con el cliente.

Una técnica para evitar las preguntas retóricas es restablecer la propia actitud. Es decir, eliminar las preguntas retóricas requiere un cambio de actitud hacia el cliente, por ejemplo: poniéndonos en contacto con lo que está sucediendo adentro nuestro, y cómo esta situación nos está estimulando emociones.

Otra técnica es renovar la imagen que tenemos del potencial y de la capacidad del cliente.

Prescindir de las
preguntas retóricas implica realizar un cambio de actitud hacia el cliente.

Preguntas tendenciosas

Se trata de preguntas que conducen al cliente a una respuesta determinada: la que el coach (consciente o inconscientemente) quiere.

Mientras que las preguntas retóricas tienen un sesgo, en las preguntas tendenciosas quizá ni siquiera uno se da cuenta del hecho de estar llevando la conversación en una dirección determinada.

Es importante evitar las preguntas tendenciosas porque ponen al coach en control de la conversación en lugar de dejar que su cliente la guíe.

Existen dos técnicas prácticas para evitar las preguntas tendenciosas. Estas son:

* **Múltiples opciones**: consiste en agregas varias opciones al final de la pregunta. Por ejemplo, ante la pregunta "¿Qué sientes cuando el PO cambia repentinamente los criterios de aceptación de un PBI? ¿Frustración? ¿Es posible agregar: "ira, decepción, alegría, motivación, algo más?"
* **Opciones excluyentes**: que implica agregara la pregunta una "o" y luego completarla con lo contrario de lo que se acaba de preguntar. En este caso, el ejemplo quedaría así: "¿Qué sientes cuando el PO cambia repentinamente los criterios de aceptación de un PBI, frustración o excitación?"

Omitir las interrupciones

Omitir las interrupciones podría convertirse en un problema si el cliente tiende a hablar durante diez minutos cada vez que se le hace una pregunta abierta. Demasiados detalles —en especial los irrelevantes—, ralentizan el proceso y hacen que todos pierdan el foco.

Una técnica para evitar esta situación es restaurar el foco y traer de vuelta al cliente al tema y objetivo de la conversación.

Algunos ejemplos de interrupciones que se pueden hacer para retomar el foco son:

- Me llamó la atención cuando mencionaste anteriormente que... Volvamos a eso.
- Hace unos momentos, mencionaste que... ¿Podrías decirme más acerca de ello?
- Parece que estamos desviándonos del tema principal de la conversación. ¿Estás de acuerdo en que volvamos a él?

Preguntas ¿Por qué?

Este es un tipo de pregunta que pone al cliente a la defensiva.

Es importante evitarlas porque, al hacer estas preguntas, se le pide al cliente que defienda y justifique sus acciones, opiniones, etc. Para evitar las preguntas *por qué* se puede:

- Reemplazar el *por qué* con *qué*:
- Por ejemplo: en lugar de ¿Por qué hiciste eso?, se puede preguntar: ¿Qué factores te llevaron a hacer eso?
- Pedir intenciones en lugar de razones:
- Por ejemplo: en lugar de ¿Por qué hiciste eso?, se puede preguntar: ¿Para qué hiciste eso?; ¿Cuál era tu intención al hacer eso?; ¿Qué esperabas lograr al hacer eso?

Las preguntas "por qué..." ponen al cliente a la. defensiva.

Para Reflexionar

Toma unos minutos y reflexiona sobre el tema tratado en este capítulo.

A continuación, comparto algunas preguntas para que te hagas y, si quieres, también respondas en las cajas abajo.

. . .

1 . ¿Cómo consideras que era tu habilidad de indagación antes de conocer el concepto de preguntas poderosas? (solo en caso de no haberlo conocido antes)

2 . ¿Qué nuevos aprendizajes descubriste en este capítulo?

3 . ¿Cómo influenciará este aprendizaje en tu capacidad de indagación?

Para Practicar

La habilidad de hacer preguntas poderosas es un músculo. Hay que entrenarlo de forma consciente para desarrollarlo (requiere mucha práctica) y hay que mantenerlo en forma constantemente para no atrofiarlo.

Aquí te propongo una serie de ejercicios para comenzar a desarrollar este músculo. Pero recuerda que será necesaria mucha práctica y mantenimiento para lograr maestría en la formulación de preguntas poderosas.

¡Pasemos a la práctica!

Preguntas cerradas

Convierte las siguientes preguntas cerradas en preguntas abiertas.

1. ¿Podría haber otras formas de mejorar la calidad del código?
2. ¿Incorporas pruebas como parte del Sprint?
3. ¿Puedes realmente comenzar a hacer entregas continuas?

P reguntas orientadas a la solución

¿Cómo podrías evitar las siguientes preguntas orientadas a la solución?

1. ¿No crees que tener una buena priorización del Backlog beneficiaría al equipo a la hora de decidir en qué trabajar?
2. ¿No crees que revalidar el Definition of Done haría que el equipo busque incluir aspectos que mejoren la calidad de las entregas?
3. ¿Podrían comunicarse más frecuentemente con los Stakeholders para evitar sorpresas en los Sprint Reviews?

P reguntas de la Verdad

¿Qué otros ejemplos, además de los dos siguientes, se te ocurren para evitar buscar la pregunta de la verdad?

1. Cuéntame más.
2. Mencionas que _____ . Por favor, amplia sobre eso.

P reguntas Laberínticas

Eres el coach de un equipo que constantemente se queda corto en su objetivo del Sprint y pospone el trabajo.

El equipo cuestiona los beneficios de la Agilidad y no ha recibido ningún entrenamiento formal. Asistes a una reunión diaria para comenzar a entender la situación.

La reunión dura alrededor de 30 minutos e incluye 20 personas sentadas en varios lugares, algunas cercanas, otras lejanas y otras on-line. Conversan a través de una conferencia telefónica. Parece que todos los ojos se centran en una herramienta de seguimiento del tiempo que incluye gráficos de burn up y burn down.

Dos voces dominan la llamada: el gerente de proyecto y el sponsor de Agile.

Cada miembro del equipo responde a la pregunta: "¿En qué trabajó desde la última reunión?" Esta información puede o no haber sido incluida en la herramienta de seguimiento. Si no fue incluida, los líderes recuerdan a los miembros del equipo que deben hacerlo.

Los líderes también preguntan a cada miembro sobre cómo ha invertido su tiempo, si el trabajo se ajusta a la estimación y si no, por qué no. Hay poca conversación entre los integrantes del equipo en la llamada.

Luego de esta reunión te encuentras con el gerente que te contrató como coach. Hazle una única pregunta. ¿Cuál es?

Preguntas Interpretativas

Tu cliente dice: "Últimamente me cuesta querer ir a las reuniones de revisión de Sprint. Estoy frustrado con mi proyecto actual, no estoy recibiendo el apoyo que necesito de los stakeholders, no paro de mirar mi reloj y desear que la reunión termine".

Tu pregunta es: "¿Por qué crees que Scrum no funciona?" (Pregunta interpretativa).

Tu cliente responde: "Espera un minuto, nunca dije que Scrum no funcionaba."

Repite tu pregunta para que no sea más una pregunta interpretativa. ¿Cuál sería?

Preguntas Retóricas

Estás coacheando a un equipo Ágil que comenzó a usar Kanban hace unas semanas.

Mientras hablas con el gerente frente al Kanban Board, él te interrumpe y dice que no está satisfecho con la forma en que el equipo probó la solución a un error del producto. Así que camina hacia el tablero y mueve la tarjeta de regreso a la columna "Listo para probar", para que se vuelva a probar.

Te dice: "No le digas al equipo que moví esta tarjeta de vuelta. Mañana, me uniré al tester, así me aseguro de que esté completado".

En ese momento, te sientes sorprendido por la falta de apertura, respeto y confianza en el equipo. Así que le preguntas a tu cliente: "¿Qué crees que estás haciendo?".

Dedica unos minutos a estas preguntas de reflexión para reorientar tu confianza en el cliente:

- ¿Para qué estoy haciendo juicios aquí? ¿de qué manera el foco que estoy poniendo en lo negativo de esta persona satisface mis propias necesidades? ¿Qué puedo hacer al respecto?
- ¿De qué maneras podría estar equivocado acerca de la situación? ¿Qué me estoy perdiendo? Fíjate si puedes construir dos escenarios posibles donde el punto de vista del cliente es más válido que el tuyo.
- ¿Qué potencial, capacidad y sabiduría veo en esta persona? ¿En qué se podría convertir gracias a mi ayuda? ¿Para qué quiero ser su coach?

Repiensa tu pregunta para que ya no sea una pregunta retórica. ¿Cuál sería?

Preguntas Tendenciosas

Corrige las siguientes preguntas tendenciosas.

1. ¿Por qué no invitas a los stakeholders a la review? ¿No confías en ellos?

2. Hemos estado discutiendo este PBI por un tiempo. ¿Ya estás listo para estimarlo?

3. Puesto que hemos invertido mucho tiempo en este PBI, ¿quieres mantenerlo en el backlog?

Preguntas ¿Por qué?

Evita las siguientes preguntas y transfórmalas en preguntas poderosas.

1. ¿Por qué estimaste tan alto ese PBI?
2. ¿Por qué no viniste a la daily meeting?
3. ¿Por qué no has priorizado el backlog antes de venir a la planning?

13

EQUIPOS

Equipos Reales

Una mañana estaba en la zona de embarque del aeropuerto de Barajas en Madrid, esperando abordar mi vuelo de regreso a Buenos Aires. Por una de las ventanas vi a un equipo de operaciones de rampa y esto me detonó dos recuerdos.

El primero, la campaña que hizo Southwest Airlines por su 40 aniversario en la que participaron todos los equipos de operaciones de rampa.

El segundo, un e-mail que recibí alrededor de 2009, mientras ocupaba el cargo de gerente de una compañía multinacional. El e-mail decía:

Hola Martín,

Como te comenté por teléfono, la semana pasada se cerró un contrato con nuestro mayor partner de tecnología para la formación de un área de negocios nueva.

Yo ya estuve hablando con algunos gerentes del área de consultoría y de servicios, para que nos manden algunos recursos (personas). Van a venir dos recursos del proyecto A, dos más de consultoría, tres de diferentes proyectos de servicios y vamos a sumar un team leader que quedó recientemente sin asignación luego de terminar el proyecto donde trabajaba. Eso sí, el team leader va a estar a préstamo hasta que consigamos uno nuevo, luego debemos devolverlo.

Para ir cerrando, te estoy adjuntando los CVs de cada uno para que los vayas conociendo, así la semana que viene reunís al equipo y comienzan.

Un abrazo,

Federico

A partir de estos dos recuerdos y la gran diferencia que yo percibo entre ellos, escribí esta reflexión durante el vuelo.

Creo que un aspecto que ayuda muchísimo a un Coach de Equipo en su desarrollo de carrera es tomar conciencia de la importancia que tiene la existencia de **equipos reales** en las organizaciones. Propongo llamarlos equipos reales, para diferenciarlos de los grupos de personas que un gerente como Federico arma por mail y llama equipo de la noche a la mañana.

Personalmente me gusta la diferenciación que los autores del libro "The Wisdom of Teams" (Katzenbach & Smith, 2015) hacen sobre los diferentes tipos de equipos que se pueden encontrar en las organizaciones, ordenados de menor a mayor rendimiento:

- Grupo de Trabajo
- Pseudo-Equipo
- Equipo Potencial
- Equipo Real
- Equipo de Alto Rendimiento

Desde mi punto de vista, cuando hablamos de equipos Ágiles, nos referimos a las últimas dos categorías: equipos reales y equipos de alto rendimiento.

Sin embargo, en mis años de trabajo en organizaciones, pocas veces sentí estar formando parte de equipos reales.

Creo que esto se debe a que los gerentes no suelen ser conscientes de lo que significa el concepto de equipo y creen que sólo se necesita reunir una serie de personas.

Como gerente de *delivery* en empresas tradicionales que fui, me pasaba lo mismo. En el mejor de los casos, buscaba que ese grupo de personas trabajara en equipo, pero con los años descubrí que no es suficiente trabajar en equipo, para que un grupo de personas se transforme en un equipo real.

Según los autores, la definición de **equipo real** es la siguiente:

Un equipo real es un pequeño número de personas con habilidades complementarias que están comprometidas con un propósito común, comparten objetivos de desempeño y un enfoque de trabajo por los cuales se consideran mutuamente responsables entre sí.

Para analizar esta definición de una manera más detallada, la descompondré de la siguiente manera:

- Un pequeño número de personas.
- Con habilidades complementarias.
- Comprometidos con un propósito común.
- Comparten objetivos de desempeño.
- Comparten un enfoque de trabajo.
- Se consideran mutuamente responsables entre sí.

A continuación presento cada uno de estos componentes.

Un pequeño número de personas

Un gran grupo de personas puede ser, en teoría, un equipo, pero el esfuerzo requerido para lograrlo es extremadamente grande. Lo más probable es que ese gran grupo de personas se termine dividiendo de forma natural en pequeños equipos.

Los grandes grupos de personas tienen una serie de inconvenientes que se transforman en impedimentos a la hora de convertirse en un equipo real. Por ejemplo, tienen dificultades para interactuar de forma efectiva y lograr acuerdos sobre acciones concretas. A esto se suman las dificultades para conseguir espacio físico y temporal para interactuar cara a cara.

Cuando el grupo es numeroso, los integrantes tienden a asumir las reuniones y los encuentros como momentos preestablecidos que deben suceder por el simple hecho de suceder. Estos momentos carecen de propósito y, generalmente, son impuestos jerárquicamente.

A los grandes grupos de personas les cuesta lograr el sentido de propósito común, la interdependencia, la auto-organización. Y la responsabilidad compartida, que los convertiría en equipos reales, se diluye antes de lograr su cometido.

Hay algunas preguntas que me ayudan a pensar en esta característica de los equipos:

- ¿Qué tamaño tenían mis grupos de amigos del colegio?
- ¿Qué tamaño tenía mi grupo de estudio de la universidad?
- ¿Cuántas personas integran mi grupo de amigos íntimos?
- ¿Con cuántas personas me asociaría para crear una empresa?
- ¿Qué tamaño tiene mi grupo de amigos del trabajo?

Dato curioso: el efecto Ringelmann

Un ingeniero francés llamado Maximilien Ringelmann fue conocido por un estudio realizado sobre el hecho de competir tirando de una cuerda. De ahí surge el "efecto Ringelmann".

Este ingeniero midió la fuerza con la que las personas de un equipo tiraban de una cuerda y, a medida que le añadía más gente a la cuerda, descubrió que la fuerza total generada por el grupo aumentaba, pero en promedio cada miembro del equipo desmejoraba.

Ringelmann atribuyó esto a lo que se suele llamar "holgazanería social": una situación en la que el equipo trata de esconder la falta de esfuerzo individual.

Según este efecto: "Después de cinco personas, cada individuo comienza a rendir menos", en tanto se escuda en la multitud.

Con habilidades complementarias

Los miembros de un equipo real deben tener una serie de habilidades complementarias entre sí. De esta manera, serán capaces de resolver los desafíos a los que se enfrentan día a día.

Estas habilidades no sólo son técnicas o funcionales, sino que incluye habilidades de toma de decisiones, resolución de conflictos e interpersonales que les permita encontrar un entendimiento mutuo y un propósito común.

Personalmente veo dos errores comunes en las empresas a la hora de armar equipos.

Por un lado, hay gerentes que arman equipos de especialistas que comparten habilidades, lo cual genera silos de conocimiento a la vez que pretender que los diferentes equipos interactúen entre sí para la creación de productos o servicios. La consecuencia de este enfoque es la falta de responsabilidad sobre el producto final: ningún equipo es responsable del todo, sino solo de una parte.

Un equipo integrado por personas con habilidades complementarias puede resolver los desafíos diarios.

Yo utilizo mucho la metáfora de una compañía discográfica para ilustrar esta situación.

Imagina que eres el CEO de una compañía discográfica. En tu compañía trabajan cuatro bandas musicales, cada una de ellas compuesta por un vocalista, un guitarrista, un bajista y un baterista. En total, son dieciséis músicos. Un determinado día deciden mudarse a oficinas más grandes, y en las nuevas oficinas hay cuatro espacios destinados a albergar a cuatro personas cada uno, llamémoslos estudios de composición. Al mudarse, debes decidir la forma de distribuir a los dieciséis músicos en cuatro equipos distintos, que ocuparán esos cuatro estudios de composición.

Tienes dos opciones:

1. Una banda musical en cada estudio de composición.
2. Todos los vocalistas en un estudio, los guitarristas en otro, los bajistas en otro y los bateristas en otro estudio.

Si fueras el CEO ¿Cuál de las dos opciones elegirías?

Desde mi punto de vista, la opción 1 es la única que permitirá que los equipos se sientan dueños y autores del producto que están creando.

El otro error común en las empresas es armar equipos prestando demasiada atención a la complementariedad de las habilidades. Los gerentes tienden a buscar personas con perfiles diferentes y especializados, dotando al equipo de absolutamente todas las habilidades necesarias.

En mi experiencia, los equipos pequeños necesitan personas que puedan posicionarse en diferentes roles, según las necesidades. No es necesario que todos sepan de absolutamente todo, sólo es necesario un equipo de personas que pueda asistirse entre sí, que puedan aprender nuevas habilidades y fluir, en lugar de personas rígidas que sólo saben hacer una única cosa.

Muchas de las habilidades se pueden aprender y desarrollar. No es necesario que existan desde el momento del nacimiento del equipo. A través de la auto-organización y el compromiso con un propósito común, los integrantes de un equipo real podrán identificar en forma conjunta las habilidades necesarias faltantes, y desarrollarlas en base a la responsabilidad individual que cada miembro tiene para con el equipo en su totalidad.

Perfiles "I" vs. perfiles "T"

Para fomentar la colaboración a través de habilidades complementarias, los equipos reales pueden basarse en el concepto de los perfiles "T" (Brown, 2005).

Este concepto se utiliza para identificar a profesionales que tienen una habilidad principal (representada por la línea vertical de la letra T) y, además, tienen la capacidad de desarrollar ramificaciones hacia otras habilidades (representadas por las líneas horizontales de la letra T).

Esta identificación de perfiles fue difundida para diferenciarse por contraste a los perfiles "I", los cuales desarrollan una habilidad en particular y se especializan exclusivamente en ella.

Un equipo real, necesita profesionales que colaboren, no sólo que trabajen juntos. Que sean capaces de ayudarse mutuamente y transmitirse conocimientos para el desarrollo de nuevas habilidades.

Un equipo real
necesita
profesionales que
colaboren y se
ayuden a desarrollar nuevas habilidades.

Comprometidos con un propósito común

Me llama la atencin la frecuencia con la que encuentro equipos ágiles que llevan un tiempo considerable trabajando juntos y no saben qué responder cuando les pregunto cuál es su propósito o visión.

Uno de los factores que facilitan que un grupo de personas se transforme en un equipo real es tener un propósito significativo, un desafío común a resolver. De lo contrario, no son más que personas, posiblemente trabajando juntas, pero sin una dirección que los una.

Está en nuestra naturaleza buscar un propósito. Actualmente, esta necesidad está siendo revelada y expresada a una escala demográfica sin precedentes y, hasta hace poco, apenas imaginable. Las consecuencias podrían rejuvenecer nuestras empresas y rehacer nuestro mundo (Pink, 2009).

Tener un propósito común y significativo es el pilar para que un equipo real pueda establecer su dirección, revisar continuamente sus aspiraciones y sostener la energía durante el camino.

Las investigaciones realizadas sobre el comportamiento de muchos equipos concluyen que los mejores propósitos son aquellos que un equipo real es capaz de generar alrededor de una demanda u oportunidad puesta en su camino (Katzenbach & Smith, 2015).

Tener un propósito común y significativo es el pilar de un equipo real.

Es esencial que el equipo, además de tener una dirección clara y los límites de incumbencia bien delimitados, cuente con la flexibilidad suficiente para que los integrantes puedan desarrollar y establecer su propósito como equipo.

Un buen propósito es construido por los miembros del equipo y aceptado tanto colectiva como individualmente por ellos. Esto fortalece la sensación de identidad que trasciende más allá de la suma de los integrantes.

Los grupos de personas que no son capaces de establecer un propósito compartido y significativo, o que no tienen el espacio ni la autoridad para hacerlo, difícilmente logren convertirse en un equipo real.

Un propósito en cada iteración

Es importante que cada iteración de un equipo ágil tenga un objetivo claro a ser logrado. Este objetivo debe entregar valor al negocio y permitir a sus miembros ir alcanzando pequeñas victorias en su búsqueda del propósito más general.

Las pequeñas victorias ayudan a los integrantes a desarrollar su sentido de compromiso, sobreponerse, e inclusive evitar, los habituales impedimentos que son consecuencia de la falta de resultados visibles durante largos periodos de tiempo.

Algunas preguntas poderosas para ayudar a que un equipo ágil encuentre y defina su propósito son:

- ¿El equipo al que perteneces tiene un propósito?
- ¿Qué quisieran lograr?
- ¿Qué tan alineado está ese logro con el negocio?
- ¿Cuántas de tus aspiraciones personales están contenidas en el propósito del equipo?
- ¿Qué harían en este momento si supieran que no fallarían?
- ¿Cuál sería un resultado exitoso?
- ¿Qué es lo que haría una gran diferencia?

- ¿Qué logro profesional de equipo es el que les gustaría recordar junto a sus nietos?

Comparten objetivos de desempeño

Tener un propósito común y significativo ayuda al equipo a perseguir objetivos de desempeño que le permita enfocarse en lograr resultados.

Al tener un claro estándar de desempeño, cuando un equipo se encuentra ante un desafío significativo, los títulos, roles y rótulos de sus integrantes se desvanecen. En su lugar, un equipo real hace uso de su auto-organización, para identificar qué hay que hacer, cómo hay que hacerlo y de qué manera cada individuo puede contribuir de la forma más significativa al logro del objetivo común.

Este estándar de desempeño consiste en las expectativas del equipo para con cada uno de sus miembros, el cual los desafía a comprometerse para hacer una diferencia.

Algunas preguntas poderosas para ayudar a que un equipo ágil explicite y establezca su estándar de desempeño son:

- ¿Qué es lo que cada miembro de tu equipo espera de ti?
- Si no lo sabes, ¿qué estás necesitando para averiguarlo?
- ¿Saben los miembros de tu equipo lo que esperas de cada uno de ellos?
- Si no lo saben, ¿qué estás necesitando para decírselos?

Comparten un enfoque de trabajo

Una de las características recurrentes de los equipos

reales es su capacidad para establecer su propio enfoque de trabajo y determinar la manera en la que van a trabajar juntos para alcanzar su propósito.

Considero importante destacar dos aspectos claves de este proceso: los **acuerdos de trabajo** y la **auto-organización**.

Los equipos reales establecen su propio enfoque de trabajo

a través de los
acuerdos y la
auto-organización.

Acuerdos de Trabajo

Los acuerdos de trabajo son pautas elaboradas por el equipo y definen la forma en que trabajarán juntos para crear un proceso positivo y productivo.

La generación de un acuerdo explícito de trabajo ayuda a un equipo a describir los comportamientos positivos que, aunque básicos, a menudo no se ven demostrados en los procesos grupales. Por ejemplo, un acuerdo podría ser: "Todos estamos de acuerdo en llegar preparados a la reunión de los viernes".

Los acuerdos de trabajo son la piedra fundamental para generar relaciones. Es recomendable que el acuerdo establecido quede visible para todos los integrantes del equipo. Esto ayuda a generar un contexto de transparencia, a la vez que funciona de recordatorio y referencia constante.

Auto-organización

Un equipo auto-organizado es un equipo motivado, integrado por personas que trabajan juntas hacia una meta, tiene la capacidad y la autoridad para tomar decisiones y se adapta fácilmente a las demandas cambiantes.

Los atributos de un equipo auto-organizado son, entre otros:

- Asumir el trabajo proactivamente, sin esperan a que su líder asigne las tareas. Esto promueve un mayor sentido de pertenencia y compromiso.
- Gestionar su propio trabajo como equipo: la asignación, reasignación, estimación, re-estimación, entrega y re-trabajo.
- Prescindir del comando y control, aunque sí requieren coaching y mentoring.
- Comunicarse más fluidamente entre sí.

- Realizar sus compromisos más para con el equipo que para con personas externas.
- Comprender los requisitos y no temer hacer preguntas para obtener más información.
- Mejorar continuamente sus propias habilidades y recomendar ideas y mejoras innovadoras.

Algunas preguntas poderosas para reflexionar sobre la auto-organización en un equipo ágil son:

- ¿Cuáles son los acuerdos que comparten con tu equipo de trabajo?
- Si no lo sabes, ¿qué crees que está impidiendo que se sienten a establecer esos acuerdos?
- ¿Qué tipo de acuerdo de trabajo crees que necesita tu equipo?
- En el caso que tu equipo tenga algún acuerdo de trabajo, ¿Con qué frecuencia crees que sería bueno revisarlo?
- Si tu equipo tiene un acuerdo de trabajo y pocas veces lo cumple, ¿qué crees que los lleva a comportarse de esa manera?
- ¿Cuáles son las consecuencias negativas de no respetar el acuerdo?
- ¿Qué ganancia obtienen al no respetar el acuerdo?
- Si tuvieras la oportunidad de agregar un solo ítem al acuerdo de trabajo, ¿cuál sería? ¿Por qué?

Se consideran mutuamente responsables entre sí

Esta es, desde mi perspectiva, una de las distinciones más importantes entre un grupo de personas y un equipo. La responsabilidad compartida implica la solidaridad y el esfuerzo común de los miembros de un equipo real (Lencioni, 2012).

Los integrantes de un equipo de este tipo pasan más horas trabajando en cuestiones compartidas y en conjunto que el tiempo que pasan trabajando solos y enfocados en sus áreas formales de responsabilidad.

Incluso, las personas que integran un equipo real pueden aventurarse en discusiones incómodas y difíciles para tratar temas escabrosos, como los reclamos por el no cumplimiento de compromisos y por hábitos que obstaculizan el alcance del objetivo planteado.

Sobre los compromisos y la responsabilidad compartida

Siento una especial atracción por el significado de los compromisos, las promesas y las elecciones, y el papel que éstas juegan con relación a la responsabilidad y la confianza.

Considero que la responsabilidad compartida dentro de un equipo real se basa en:

- Las promesas que se hacen entre los miembros.
- El grado de responsabilidad que cada uno asume ante ellas.
- La libertad y transparencia que tienen para hacerse reclamos cuando estas promesas no son cumplidas.

Dicho de otra manera: si me comprometo a hacer algo (hago una promesa, contraigo un compromiso) y luego no lo hago (no cumplo la promesa), es importante que los miembros del equipo se sienten habilitados a realizarme su reclamo por mi incumplimiento.

Cuando no estamos habilitados a efectuar reclamos o hacer notar la falta de cumplimiento de compromisos, el equipo comienza a perder la noción del objetivo común y de una responsabilidad compartida sobre ese objetivo.

Es importante que los integrantes de un equipo se consideren habilitados para reclamar ante compromisos incumplidos.

Un único responsable

En repetidas ocasiones me he encontrado (y me sigo encontrando) con la noción del *management* tradicional que considera que debe existir un único responsable.

Creo que esta noción es la más cómoda desde el punto de vista del gerente, en tanto sólo tiene que apuntar a una persona y culparla si las cosas no salen bien. Sin embargo, me parece una práctica nociva para el equipo: si hay un único responsable, entonces la responsabilidad no es de ninguno de los miembros restantes.

He visto un patrón repetitivo en las organizaciones con las que me ha tocado trabajar: mientras más prácticas basadas en el control, el castigo y la manipulación existen en una organización, más importancia se le da al concepto de único responsable.

Me animo a decir que la existencia de un único responsable responde a la estrategia de tener a alguien a quien echarle la culpa y no a la necesidad de que las cosas salgan bien (eficacia y eficiencia).

Algunas preguntas poderosas para reflexionar sobre la solidaridad y la responsabilidad compartida en un equipo son:

- ¿Cómo describirías la solidaridad que existe en tu equipo de trabajo?
- Si pudieras calificar del 1 al 10 el nivel de esfuerzo conjunto y compartido que existe dentro de tu equipo ¿Qué calificación le pondrías? ¿Por qué?
- ¿Qué influencia o responsabilidad tienes tú en esa calificación?
- ¿Qué puedes hacer para incrementarla? ¿Qué está faltando para ser un 10?
- ¿Cómo se relacionan los miembros de tu equipo con la responsabilidad?
- ¿Qué espacios dan, dentro del día a día, para el reclamo hacia otros integrantes?
- ¿Qué tan bien o mal visto está el reclamo dentro del equipo?
- ¿A qué crees que se debe?
- ¿Qué está necesitando el equipo para que el reclamo sea una herramienta positiva?

Coaching de equipos

El coaching de equipos tiene una gran finalidad que puede expresarse en dos objetivos:

- Acompañar a un equipo cliente en su desarrollo y aprendizaje colectivo para que sus resultados, como sistema, superen ampliamente el de la suma de sus partes.
- Maximizar la auto-organización del equipo, en tanto responsabilidad y rendimiento individual y colectivo.

Para ello, este tipo de coaching se enfoca en la capacidad que tiene el equipo para definir y refinar constantemente sus procesos y modelos de trabajo.

En mis inicios como coach de equipos me topé con un libro que cambió radicalmente la forma en la que comprendo esta disciplina. El autor es Alain Cardon, un coach francés muy reconocido en el ámbito de los equipos y su libro se llama, justamente, "Coaching de Equipos". A continuación, comparto mi interpretación de sus propuestas.

Rol de un coach de equipo

El coach de un equipo ayuda a la reflexión colectiva, a la vez que se cuida de no intervenir en las relaciones entre los individuos.

Es decir, no controla, no gestiona ni interviene tanto en los procesos internos como en el resultado de los equipos. Simplemente se limita a acompañar el aprendizaje de un equipo. Quien diseña, determina y lleva a la práctica ese aprendizaje es el equipo mismo. De la misma manera, es el equipo el que se encarga de determinar y controlar sus procesos.

El coach de equipos acompaña y sirve de espejo.

El coach de equipos simplemente
acompaña y
sirve de espejo.

Diferencias con el coaching individual

A diferencia del coaching individual, el de equipos se realiza a nivel sistémico. Es decir, no se brinda a individuos ni pretende mejorar las relaciones entre individuos. En su lugar, el coach se dirige a su equipo cliente considerándolo como un conjunto indivisible y coherente en sí mismo.

La práctica del coaching de equipos, tal como la propone Alain Cardon, es radicalmente diferente a la práctica del coaching individual.

En el coaching individual existen dos formas de intervención:

- Conversaciones o sesiones de coaching individuales con una persona de forma privada.
- Conversaciones o sesiones de coaching de sala con un individuo de forma pública.

En el coaching de equipos, existen tres formas diferentes de intervenir:

- Reuniones de equipo.
- *Workshops* de coaching.
- Prácticas asincrónicas.

Si bien estas formas de intervención son diferentes al coaching individual, es un requisito lograr maestría en las intervenciones individuales antes de intervenir en un equipo.

A continuación, presento cada una de las tres formas de intervención en el coaching de equipos.

Reuniones de equipo

En esta modalidad, el coach interviene directamente en una serie de reuniones de trabajo pre-acordadas de un equipo cliente. Está presente y acompaña al equipo en el logro de sus objetivos y capacidad de auto organización.

Este tipo de reuniones se realizan con cierta frecuencia acordada con el equipo.

Es muy importante que la intervención del coach se dé en las reuniones reales del equipo cliente para que pueda observar directamente las prácticas sociales que existen dentro del equipo.

Dos *arrastres* del coaching individual que pueden aparecer en el coaching de equipo son: establecer una relación privilegiada con el líder y reforzar relaciones individuales con los integrantes del equipo.

A continuación describo cada uno de estos arrastres y cómo evitarlos.

Arrastre: Relación Privilegiada

Establecer una relación privilegiada con el líder de equipo, especialmente al inicio del proceso cuando se diseña la intervención.

Cómo evitarlo:

Buscar aspectos del trabajo en los que otras personas del equipo pueden ser interlocutores y, así, no centralizar en el líder, por ejemplo:

- Seguimiento del progreso
- Aspectos de mejora continua
- Cuestiones administrativas
- Cuestiones de negocio

Arrastre: Relaciones Individuales

Reforzar relaciones individuales con los integrantes en detrimento de la relación con el sistema equipo, por ejemplo, manteniendo reuniones individuales.

Cómo evitarlo:

Evitar realizar reuniones individuales o brindar servicios de coaching individual a los miembros del equipo.

En el caso que los miembros requieran coaching individual para mejorar aspectos de su performance personal, lo recomendable es que lo realice otro coach dedicado a las intervenciones individuales.

Workshops de coaching

Estas intervenciones se desarrollan durante una serie de jornadas consecutivas, en las cuales el coach de equipo interviene de forma permanente mientras el equipo lleva a cabo sus tareas operativas.

Es importante diferenciar *workshop* de curso.

Un *workshop* es un taller de trabajo en el día a día real, no una capacitación brindada por el coach.

En este tipo de intervenciones, es fundamental que el coach se mantenga atento y no intervenir en el proceso ni en los resultados del equipo. Debe estar claro para todos que el equipo es el único responsable por su proceso y sus resultados.

El coach no debe brindar contenidos durante esta intervención. Eso es responsabilidad del equipo y, en todo caso, de un entrenador o formador. Es un error común que el coach intente cumplir con las expectativas de contenido e indicaciones que muchas veces tienen los equipos.

Si por alguna razón, es necesario que el equipo incorpore conocimientos o actividades didácticas durante estos *workshops*, la recomendación es que dichos espacios sean facilitados por un tercero que no es el coach del equipo.

El coaching de equipos efectivo se logra cuando es el equipo mismo quien se encarga del proceso y del contenido del *workshop*.

Prácticas asincrónicas

Las prácticas asincrónicas son ejercicios y tareas que los equipos realizan a pedido del coach fuera de las reuniones y *workshops* y sin la presencia del coach.

El propósito de este tipo de intervenciones es animar a los equipos a:

- Poner en práctica los aprendizajes realizados durante las reuniones.
- Evitar la creación de lazos de dependencia con el coach.

Muchas de estas prácticas emergen como resultado de las reuniones y de los *workshops* de coaching ya que en esos encuentros los equipos suelen tomar compromisos para llevar a la práctica nuevas acciones antes de un próximo encuentro.

Metamodelos de comunicación

Así como hemos visto que una persona es una cierta coherencia de cuerpo, lenguaje y emociones, también es posible pensar a los **equipos como un sistema con cierta coherencia de procesos, comportamientos y relaciones que los hace únicos**.

Más allá de esta singularidad, existen ciertos **patrones de comunicación sistémicos** que se pueden considerar para interpretar los procesos colectivos.

Alain Cardon los llama *metamodelos de comunicación*. Veámoslos con detalle.

> *Un equipo es un*
> *sistema con cierta coherencia de*
> *procesos,*
> *comportamientos*
> *y relaciones.*

Transferencias

Este metamodelo considera que cada equipo reproduce con el coach los modelos de comunicación que sostiene con su líder. Es decir, transfieren los comportamientos que el equipo tiene con su líder al coach, quien es percibido como un nuevo líder temporal.

Las transferencias son elementos muy útiles para hacer diagnósticos de las interacciones diarias del equipo con su líder. Como coach puedes utilizar estas transferencias como pistas fundamentales.

Me resulta muy atractivo el planteo de Alain Cardon con relación a los equipos que esperan que el coach reaccione como lo haría su líder. Esto ofrece grandes oportunidades al coach para reaccionar de forma inesperada, diferente a como lo haría el líder del equipo, abriendo la puerta a nuevos hábitos y comportamientos colectivos que lo dirijan hacia su evolución y mejora.

También, la observación de estas reacciones novedosas puede ofrecer la oportunidad de abrirse a nuevas alternativas al mismo líder.

Familia

Alain Cardon propone abrir la mirada para comprender los aspectos subyacentes que determinan la forma en la que operan las transferencias descriptas previamente. Para ello, sugiere explorar algunos de esos procesos inconscientes en la metáfora familiar.

Los procesos de equipo se parecen, en muchos casos, a los procesos familiares. Al tener en cuenta este aspecto, el coach puede identificar patrones inconscientes de comportamiento.

Entre los patrones familiares que se pueden replicar en los ambientes profesionales, se encuentran: problemas a partir de separaciones, celos, necesidad de reconocimiento, miedo al fracaso o al éxito, mudanzas, etc.

Corresponsabilidad

La corresponsabilidad implica que todos los miembros de un equipo son 100% responsables del 100% de los resultados.

Alain Cardon pone en esta escena el comportamiento del *chivo expiatorio*, un mecanismo mediante el cual un equipo elige un miembro al que responsabiliza como la única causa de todos los males (o de algún mal específico).

Frente a este escenario, la responsabilidad del coach es ayudar a desarrollar conciencia sobre la responsabilidad que todos los integrantes (responsables solidarios) tienen sobre los resultados del equipo.

Indicadores de Compromiso

Un aspecto importante que un coach de equipo debe lograr es ser el espejo de lo que el equipo llama compromiso.

El grado de compromiso, por lo general, se refiere a aquel que los miembros tienen hacia el equipo y con relación a los resultados.

Alain Cardon identifica ocho indicadores de compromiso que los integrantes de un equipo consideran, los cuales presento a continuación.

1. Puntualidad

La capacidad de llegar en horario a las reuniones, encuentros y la entrega de lo comprometido a tiempo.

Por lo general, Las personas que llegan a los encuentros más tarde del horario acordado con el equipo, suelen ser aquellos a quienes les cuesta respetar los plazos.

Esto puede generar frustración en aquellos miembros que valoran la puntualidad y el cumplimiento de las entregas y los puede llevar a considerar que a sus compañeros les falta compromiso con el equipo.

2. Presencia

Se refiere a la capacidad de las personas para estar plenamente presentes en las reuniones y conversaciones del equipo, evitando todo tipo de interrupciones y distracciones propias o externas al equipo.

3. Confidencialidad

Se refiere al grado en el que las personas mantienen la información y los recursos del equipo en un ámbito privado y confidencial.

En mi caso, y con base en los principios y valores de la agilidad y de Scrum, no promuevo este indicador de compromiso. Todo lo contrario: promuevo la transparencia.

4. Proactividad

Se refiere a la capacidad de actuar de forma apropiada e inmediata a fin de mejorar los resultados.

Más allá de las competencias específicas de cada integrante del equipo, esta proactividad se produce en un ámbito de solidaridad colectiva centrada en los resultados del sistema.

5. Confrontación

Es la capacidad de formular el desacuerdo o la desaprobación con tendencia a la acción positiva ante a un comportamiento inaceptable de un integrante o subgrupo de miembros del equipo.

En palabra de Alain Cardon, "los miembros de un equipo, responsables y comprometidos, no se desentienden de un comportamiento individual o colectivo inapropiado y no esperan que el líder intervenga o que la situación se degrade".

6. Asiduidad

Es la capacidad para permanecer como profesional responsable a través del tiempo, en lugar de los eventos esporádicos de demostración de compromiso.

7. Autocontrol emocional

Es el grado de competencia emocional que los miembros del equipo manifiestan (ver capítulo sobre emociones).

Evitar los secuestros emocionales es un factor clave para mantener la integridad y el respeto dentro del equipo.

8. Consumo de sustancias

Por más obvio que parezca, un integrante comprometido es un miembro que no está bajo la influencia de sustancias psicotrópicas que puedan afectar su comportamiento y volverlo nocivo y, eventualmente, agresivo hacia el equipo o alguno de sus integrantes.

El coach es el responsable de animar y acompañar al equipo a medir estos indicadores de compromiso y a accionar como protagonistas de la mejora de cada uno de ellos.

Modelo Tuckman de desarrollo de equipos

Bruce Wayne Tuckman, de profesión Psicólogo, se dedicó especialmente a la investigación de la dinámica de grupos de personas. En ese contexto, publicó una teoría llamada "Etapas del desarrollo grupal de Tuckman".

Tuckman detectó que el comportamiento social de los equipos de trabajo no era tenido en cuenta de manera suficiente. Por esta razón, realizó un estudio en el que observó a varios equipos pequeños a través del tiempo.

La conclusión de este estudio fue que los diferentes equipos atraviesan una serie de etapas en las que se pueden identificar distintas características en las relaciones sociales de los miembros y en la actitud que toman ante las tareas.

A continuación, repasaré cada una de estas etapas y, hacia el final de este apartado, propongo —siempre desde mi propia perspectiva— la actitud que le corresponde asumir al coach del equipo, en cada una de ellas.

. . .

1. Formación (*forming*)

Esta es etapa de **construcción del equipo** en la que no existe confianza recíproca debido a que los integrantes recién comienzan a conocerse.

En general, su conducta es modelada por su intención de ser aceptados por los demás, por eso evitan potenciales situaciones de conflicto de intereses y dejan en segundo plano las diferencias que pudieran emerger por comportamientos y rasgos de personalidad.

Como los lazos que los unen se encuentran en un estadio inicial, los integrantes son más independientes entre sí y hay ausencia de compromiso hacia el equipo.

En esta etapa, el nivel de comunicación es bajo y apenas unos pocos individuos dominan. Existe una gran dependencia del líder existente.

Comportamiento social: prueba y dependencia

- Los miembros dependen de los roles que ocuparon o desarrollaron, antes de integrar el equipo y tienden a categorizarse entre sí (quién hace qué) para dar un marco de certeza a sus interacciones.
- Hay una tendencia a respetar una estructura jerárquica dada.
- Se evitan ambigüedades y conflictos: no hay roces y las posiciones son moderadas.
- Hay gran dependencia del liderazgo.

Actitud ante la tarea: búsqueda de orientación

Se espera la orientación del líder, que brinde claridad sobre lo que hay que hacer y que esté dada la manera de hacer las cosas.

Actividades recomendadas para el coach de equipo

El coach de equipo encontrará grandes beneficios al acompañar al equipo en:

- Construir una visión compartida.
- Establecer claramente las expectativas del cliente o sponsor.
- Comprender y socializar las expectativas e intereses individuales.
- Clarificar responsabilidades.
- Identificar las capacidades y fortalezas de cada integrante.

Compartir, en esta etapa, el modelo completo de Tuckman puede resultar extremadamente útil.

El tiempo de trabajo con el equipo se emplea en propiciar el conocimiento mutuo y organizarse en torno a una visión compartida para transitar hacia la siguiente fase.

2. Conflicto (*storming*)

Se trata de una etapa de gran agitación debido a que dentro del equipo comienzan a aparecer distintas ideas y puntos de vista que compiten entre sí. Estas diferencias se dan, inclusive, por sobre la visión y objetivos planteados.

Al mismo tiempo, el equipo debe ocuparse de cuestiones tales como establecer los principales problemas que, se supone, les corresponde resolver, definir los roles y responsabilidades y acordar el modelo de liderazgo que aceptarán.

Este proceso puede resultar difícil para los individuos que se sienten incómodos frente al conflicto, pero se trata de un período muy valioso para el crecimiento del equipo. Si esta etapa no se transita con prudencia, el equipo podría sufrir daños que afecten su rendimiento. La falta de claridad en el rumbo podría generar ansiedad.

Los integrantes pueden reaccionar frente al liderazgo y muchas veces no saben cómo lidiar abiertamente con los conflictos: existen pujas de intereses y de poder, hay poco espíritu de equipo y mucha competencia.

Se identifican miembros con mucho protagonismo y otros con muy bajo perfil.

Comportamiento social: hostilidad interna

- Rebelión, oposición y conflicto. Aparecen fricciones, animosidad y falta de armonía interna.
- El interés está puesto en la autonomía individual.
- Aparece la competencia por ocupar posiciones en la jerarquía.
- Se desafía el liderazgo: el líder impuesto puede dejar de serlo.

Actitud ante la tarea: respuesta emocional

- Los diferentes integrantes se circunscriben a un área de responsabilidad específica, cuestionan las asignaciones y la forma de trabajo.
- Se suele buscar culpables de lo que pasa y se evade la responsabilidad.

Actividades recomendadas para el coach de equipo

Es muy importante infundir valores tales como el respeto, la tolerancia y la apertura, los cuales funcionarán como marco para la resolución de conflictos.

El coach de equipo pondrá su esfuerzo en:

- Involucrar a todos en las conversaciones.
- Tener en cuenta todas las ideas y opiniones e indagar en las diferencias.
- Asistir al equipo en identificar roles y responsabilidades.
- Exponer problemas y conflictos.
- Brindar coaching al equipo frente a los desafíos interpersonales.

Ayudar a remover barreras personales y promover el acercamiento entre los integrantes del equipo es una parte fundamental para que puedan transitar hacia la siguiente etapa.

. . .

3. Normalización (*norming*)

Si el equipo ha superado la etapa anterior, en este momento existe un propósito que se reconoce y comprende con claridad y una forma de trabajo compartida por sus integrantes.

El equipo alcanza su *momentum*: cada uno ha asumido su responsabilidad y se encuentra trabajando por el éxito común. Las normas son reforzadas por los propios integrantes de manera auto-organizada, a la vez que existe mucha integración y compromiso hacia el equipo.

Al aumentar la confianza y la comunicación, el feedback efectivo se recibe con mayor apertura. El equipo comienza a relacionarse con individuos externos a él (clientes, stakeholders, etc.) de manera exitosa y los miembros se interrelacionan entre sí.

También aparecen motivaciones individuales alineadas a los objetivos compartidos.

Comportamiento social: desarrollo de cohesión

- Emerge cierto dialecto de equipo.
- Los integrantes buscan la integración y la mejora de las relaciones interpersonales.
- Crece una red de amistades.
- Hay interdependencia entre los diferentes roles.
- Hay integración emocional: se incrementan los niveles de armonía y solidaridad.
- Se establecen normas para lidiar con las situaciones problemáticas.

Actitud ante la tarea: expresión de opiniones

- Los compromisos asumidos entre los miembros juegan un papel fundamental en la realización del trabajo.
- Aumenta el trabajo de a pares y comienzan a ayudarse en el logro de sus tareas.

- Se incrementa el nivel de pedido de ayuda interno, a la vez que se piden y expresan opiniones sobre el trabajo realizado. Los integrantes también intercambian consejos sobre las formas de trabajo.

Actividades recomendadas para el coach de equipo

Es el momento más propicio para fomentar la creatividad y aprovechar al máximo el impulso que el equipo está generando.

En esta etapa, el coach de equipo puede enfocar su esfuerzo en:

- Desarrollar canales para la comunicación y las oportunidades de feedback.
- Trabajar en un estilo que habilite a otros integrantes del equipo a liderar.
- Generar debates abiertos sobre la forma de trabajo y las relaciones internas y externas.
- Lograr consensos ante a los problemas.
- Delegar libremente en el equipo y fomentar la auto-organización.

La autonomía alcanzada por el equipo, tanto en la organización de su trabajo como en la resolución de sus conflictos, es clave para avanzar hacia la siguiente fase.

4. Desempeño (*performing*)

Es posible para algunos equipos llegar a la etapa en la que se encuentran trabajando armónicamente ensamblados como los engranajes de un reloj.

Estos equipos producen un alto rendimiento y bajo desperdicio. Son capaces de encontrar la manera de hacer el trabajo sin problemas, han aprendido a tomar decisiones y es probable que las tomen sin necesitar supervisión externa.

Los niveles de motivación y contención propios de este momento son altos, así como el sentimiento de pertenencia al equipo y orgullo por pertenecer a él. Esto genera una gran sensación de satisfacción personal.

Esta etapa no se trata del final del camino ya que pueden ocurrir circunstancias que haga retroceder al equipo a etapas anteriores. Por ejemplo, cambios en el liderazgo, alteraciones en las normas o ingreso de nuevos integrantes.

Comportamiento social: roles funcionales y afinidad

- La estructura del equipo es internalizada, no se necesita especificación explícita.
- El pragmatismo se instala en el equipo como una filosofía de trabajo.
- Conviven la interdependencia y la independencia.
- Surge la subcultura de equipo.
- Se desarrolla el sentimiento de pertenencia y el compromiso de los miembros hacia el equipo.

Actitud ante la tarea: soluciones emergentes

- Los roles y las responsabilidades van mutando según las demandas externas. El énfasis está en el logro de tareas, que es de orden superior a la estructura social.
- Los integrantes alcanzan una autonomía responsable y el equipo funciona de manera auto-organizada. A la vez que pasan del pedido de opinión (reactivo) a la sugerencia (proactivo).

Actividades recomendadas para el coach de equipo

El coach de equipo puede enfocar su esfuerzo en:

- Minimizar la ocurrencia de eventos que generen retrocesos en la evolución del equipo.

- Promover la mejora continua en las actividades, los procesos, métodos, etc.
- Focalizar en las relaciones interpersonales.
- Fomentar la auto-organización.

5. Retiro (*Adjourning*)

Esta última etapa fue incluida con posterioridad al estudio realizado por Tuckman.

Se refiere al momento final de un equipo en el cual se disuelve e implica el fin de las conductas de trabajo y la separación de las relaciones.

Es una etapa a la que frecuentemente los equipos llegan, ya que la gestión tradicional de proyectos tiene el foco puesto en el proyecto y no en el equipo. Por esta razón, este último tiene una vida útil limitada.

El cierre de un equipo puede crear cierta aprensión y una crisis menor. Disolver un equipo es un movimiento regresivo, que plantea ansiedades y preocupaciones relacionadas con la renuncia al control y a su inclusión en el equipo.

Las intervenciones más eficaces en esta etapa serán aquellas que faciliten la finalización de la tarea y el proceso de cierre y retirada.

Actividades recomendadas para el coach de equipo

Como coach de equipo, en esta última etapa, es fundamental ocuparse por propiciar un evento de cierre, una ceremonia que marque el final del equipo y ponga de manifiesto el o los logros obtenidos.

Este evento será una oportunidad para que los miembros del equipo puedan despedirse personalmente.

SI los equipos no pasan por un proceso explícito de cierre separación, los integrantes podrán sentirse incompletos y quedar "enganchados" al antiguo equipo alentando para reunirse y revivir los buenos momentos que pasaron juntos.

Equipos estables

Desde mi punto de vista proveniente de la agilidad, una organización debería tender a fomentar equipos estables. Esto implica no llegar a la quinta etapa de Tuckman, dedicada a la disolución de un equipo para luego armar uno nuevo.

Es muy interesante e ilustrativa la comparación de las etapas de crecimiento de un equipo con las etapas de crecimiento de los seres humanos.

Por ejemplo, es posible asociar la etapa de formación con la infancia, la etapa de conflicto con la adolescencia, la etapa normativa con la adultez temprana, la etapa de rendimiento con la madurez y la etapa de retiro como la jubilación.

Considero importante tener en cuenta que cada vez que se desarma un equipo que ha llegado a la etapa de madurez, se hace para pasar a la etapa de retiro y, luego, comenzar con un nuevo equipo. Y así volver a iniciar el proceso en la etapa 1.

Para Reflexionar

Toma unos minutos y reflexiona sobre el tema tratado en este capítulo.

A continuación, comparto algunas preguntas para que te hagas y, si quieres, también respondas aquí.

1. *¿Qué fases puedes identificar en experiencias previas en equipos de trabajo a los que has pertenecido?*

2 . *¿Cómo te has sentido en cada una de esas etapas y experiencias?*

3 . *¿Cómo se comportaba tu líder en cada una de esas situaciones?*

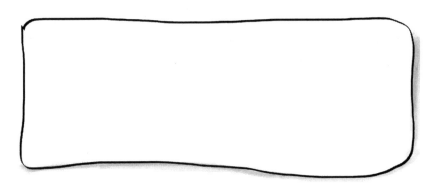

4. *¿Ese comportamiento contribuía o impedía al avance del equipo? ¿Por qué?*

Para Practicar

La única forma de practicar el coaching de equipo es haciendo coaching de equipo. En este capítulo te invito a poner en práctica el modelo Tuckman.

Para ello, identifica un equipo de trabajo en el que puedas intervenir como coach. Puede ser tu equipo, un equipo en el que estás trabajando o pide permiso para intervenir en algún equipo que conozcas de tu empresa.

Una vez que hayas elegido el equipo con el cual trabajar, responde las preguntas que figuran a continuación.

1. *¿En qué etapa crees que está ese equipo de trabajo?*

2. *¿Qué comportamientos identificas que lo ubican en esa etapa?*

3 . *Si el equipo elegido no ha alcanzado la etapa de desempeño, ¿qué puedes hacer para acompañarlo a avanzar hacia dicha etapa?*

4 . *¿Qué te está faltando o qué estás necesitando para hacerlo?*

5 . *Ahora que sabes lo que falta y necesitas, haz algo al respecto y luego responde las siguientes preguntas:*

¿Qué hiciste? ¿Cómo crees que te fue? ¿Qué aprendizaje tuviste con esta práctica?

.

14

AGILIDAD

Coaching de equipos ágiles

En este capítulo utilizaré el término *agile coach* para referirme al coach de equipos ágiles.

El coaching dentro de un equipo ágil se centra en aspectos fundamentales del trabajo en equipo y de la coordinación de acciones.

En el contexto de Scrum, este tipo de coaching es, idealmente, responsabilidad del Scrum Master.

Antes de avanzar sobre las instancias y ejemplos de intervención de un agile coach, me gustaría detenerme en ciertos aspectos que presento a continuación, y que considero relevantes, en tanto sirven de base para realizar un coaching ágil más eficiente.

Legitimarse entre sí

Uno de los aspectos a fomentar en los equipos ágiles es el **intercambio de ideas, la aceptación de los otros miembros del**

equipo como *legítimos otros*, con interpretaciones diferentes y tan válidas como las de cualquier otro integrante.

A la vez, se promueve **evitar la censura**, especialmente esa censura que se vale de la supuesta objetividad, lógica o razón para justificar el punto de vista de quien la emite.

El agile coach es responsable de fomentar un contexto de aceptación y debate para que las competencias relacionales puedan desarrollarse.

Ser protagonistas

Otro aspecto para fomentar dentro de los equipos ágiles es su **capacidad de ser protagonistas de su realidad**.

En primer lugar, considero fundamental identificar el tipo de reflexión que el equipo dedica a los problemas que se les presentan. Si ese espacio es meramente descriptivo, irresponsable, será difícil que el equipo se mueva fuera de sus impedimentos.

El agile coach asiste al equipo a visualizar el espacio en el que suceden sus conversaciones sobre los impedimentos y, si sólo fueran conversaciones descriptivas o nocivas, asiste al equipo para que las transformen en conversaciones significativas. En este sentido, los ayuda a posicionarse como responsables de la realidad que son capaces de generar a partir de sus acciones.

Dicho de otra manera, el agile coach ayuda a que el equipo salga de la posición de víctima y se mueva a la posición de responsabilidad.

Diferenciar afirmaciones de opiniones

Otro aspecto que le atañe al agile coach es identificar los desafíos que presenten los integrantes y **asistirlos para que diferencien las afirmaciones de las opiniones**, y que comprendan que las opiniones de los otros son simplemente eso, opiniones.

Es importante que un equipo con miembros intolerantes pueda considerar la diversidad de opiniones como una oportunidad de aprendizaje y de debate, como una posibilidad de contemplar puntos de vista diferentes y alternativos, y así, complementar sus propias perspectivas propias.

También el agile coach es responsable de ayudar a que el equipo diferencie entre opiniones fundamentadas y opiniones infundadas.

La tolerancia y la
escucha de opiniones distintas a las propias es una posibilidad de crecimiento
personal y profesional.

Diferenciar hechos de interpretaciones

Cuando los miembros de un equipo ágil no están conformes con una determinada situación, un hecho o una persona, es importante acompañarlos en la **diferenciación entre hechos e interpretaciones.**

Analizar esa disconformidad y transitar su escalera de inferencias tiene el poder de ayudarlos a observar aquellos hechos que no vieron y la forma en la que ellos mismos se comportan, además de reconocer las opiniones que tienen, la emoción que les genera y las decisiones que toman.

Cuando los integrantes pueden identificar todos estos aspectos de la realidad, el agile coach puede intervenir y asistirlos en el rediseño de sus interpretaciones.

Coordinación de acciones

Muchas de las situaciones de inacción y falta de efectividad en un equipo ágil se relacionan con la forma de **realizar los pedidos y las ofertas.** Por ejemplo: se hacen muchos pedidos no efectivos, creen que está claro lo que se espera sin haberlo explicitado, describen una situación creyendo que están haciendo un pedido, muchas personas no comparten sus conocimientos o no ofrecen ayuda, etc.

Estas son algunas pistas para trabajar desde el agile coaching. Para ello, es importante ayudarlos a que se vean y evalúen a sí mismos a través de preguntas poderosas, entre ellas:

- ¿Se ven pidiendo? ¿Qué tal son esos pedidos?
- ¿Se ven como oferta entre sí mismos? ¿Qué necesitan para serlo?
- ¿Qué necesita pedir el equipo y no lo está haciendo?
- ¿El equipo siempre espera que le pidan cosas o también generan ofertas?

Es muy probable que en un equipo existan interpretaciones diferentes de lo que significa un compromiso. En ese caso, las siguientes preguntas pueden ayudarlos a tomar conciencia de esas diferencias y acordar el significado de compromiso y el impacto al no cumplirlo:

- ¿Qué se espera y qué no se espera que haga frente a un compromiso?
- ¿Cómo influye el cumplimiento o incumplimiento de compromisos en las relaciones entre los miembros del equipo?
- ¿Cómo se relaciona cada uno con sus compromisos? ¿Los honran o los menosprecian?
- ¿Qué sucede cuando no se cumple con un compromiso? ¿Se hacen cargo o se justifican?

Construir un contexto de confianza

Es fundamental que el agile coach **fomente la confianza, la apertura y la honestidad** entre los integrantes de un equipo. Así como también, promover el conocimiento personal de los miembros del equipo y que cada uno conozca la consecuencia de sus acciones respecto a su imagen pública de confiabilidad.

Este aspecto también implica asistir al equipo a identificar sus puntos débiles, tanto internos como externos, que puedan generar desconfianza, y ayudarlos a desarrollar comportamientos que despierten la confianza en ellos.

Aprender a aprender juntos

Otra tarea que le corresponde al agile coach es la de **fomentar el aprendizaje** y **ayudar a que el equipo no quede atrapado en la** *parálisis por análisis*.

El aprendizaje más eficaz es el que se realiza haciendo. En un contexto ágil, el error y el tomar riesgos son centrales para el proceso de aprendizaje.

Por esta razón, le corresponde al agile coach identificar las situaciones en las que el equipo pueda estar creando un enemigo del aprendizaje para sí mismo. En esos casos, el agile coach interviene y lo hace evidente.

Identificar e intervenir en las emociones

Es muy importante que el agile coach esté atento y pueda leer las emociones y los estados de ánimo de los integrantes del equipo, ya sea a partir las conversaciones, como a partir de las posturas corporales de las personas.

También **promueve que las emociones sean aceptadas y tengan su lugar dentro de los equipos** y que los integrantes puedan reconocer como éstas afectan al sistema.

Le corresponde al agile coach asistir a los miembros del equipo en realizar la reconstrucción lingüística de sus emociones y de sus estados de ánimo, y ofrecer recursos para que las personas puedan intervenir en ellos una vez reconocidos.

. . .

E scucharse entre sí

Es tarea del agile coach **garantizar que la noción de modelos mentales esté presente siempre que existan desacuerdos en las interpretaciones** de lo que las personas escuchan. Esto ayudará a recordar a los integrantes del equipo a no dar por sentado que escuchan exactamente lo que el otro quiere decir.

Por esta razón, es necesario fomentar la verificación, el compartir inquietudes y la indagación en las conversaciones del equipo. Lo cual ayudará a que los miembros sean conscientes de los diferentes dominios de escucha, más allá de las palabras, por ejemplo, el cuerpo y las emociones.

T ener conversaciones significativas

Es importante que el agile coach esté atento a las conversaciones que predominan en el equipo. Esto implica salir del escritorio, y recorrer los lugares donde trabajan los diferentes integrantes.

El agile coach puede ayudar a **que los miembros del equipo tengan clara la diferencia entre conversaciones nocivas y conversaciones significativas**, así como también, asistirlos para que puedan moverse hacia conversaciones significativas cuando las personas están empantanadas en conversaciones de críticas, pesimistas, quejas a terceros y sólo expresiones de deseo.

Coaching en contextos de Scrum

En el capítulo anterior hemos visto que el coaching sistémico de equipos tiene tres formas de intervención: reuniones de equipo, workshops de coaching y prácticas asincrónicas. En contextos de Scrum, es posible hacer una correspondencia directa de estas tres intervenciones y las reuniones propias de este marco de trabajo.

Sprint Planning: Workshop de coaching

Esta intervención se desarrolla durante la planificación de *sprint*.

El agile coach interviene de forma permanente mientras el equipo Scrum lleva a cabo sus tareas operativas correspondientes.

Sprint: **Prácticas asincrónicas**

Las prácticas asincrónicas son ejercicios y tareas que el equipo Scrum realiza en un espacio temporal fuera de las reuniones de equipo y workshops de coaching y sin la presencia del agile coach. El propósito de este tipo de intervenciones es animar al equipo a dos cosas:

- Poner en práctica los aprendizajes de las reuniones.
- Evitar la creación de lazos de dependencia con el agile coach.

Muchas de estas prácticas emergen, principalmente, como resultado de la retrospectiva; y en segunda instancia de las revisiones y planificaciones.

Sprint Review: Workshop de coaching

Esta intervención se desarrolla durante la revisión de *sprint*. El agile coach interviene de forma permanente mientras el equipo Scrum revisa, junto a los *stakeholders,* el incremento de producto del *sprint*.

Sprint Retrospective: Reunión de equipo

En esta reunión, el agile coach está presente y acompaña al equipo Scrum en la inspección y adaptación de su propio proceso de trabajo, reforzando así la responsabilidad colectiva y capacidad de auto organización.

Focos del coaching en Scrum

A continuación presento un recorrido con mayor detalle que integra el coaching de equipos con Scrum.

Planificación del *Sprint*

La reunión para planificar un *sprint* implica responder a las siguientes preguntas (Schwaber & Sutherland, Scrum Guide, 2017):

- ¿Qué podemos entregar como incremento de producto o servicio resultante de este nuevo *sprint*?
- ¿Cómo lograremos realizar el trabajo necesario para entregar ese incremento?

En el libro Facilitador de Equipos Ágiles, menciono que los objetivos a seguir para que el equipo Scrum pueda responder a estas preguntas son:

- Conocer y explicitar las expectativas sobre las características esperadas del producto o servicio.
- Generar los compromisos necesarios para construir un incremento de producto o servicio y entregarlo al final del *sprint*.
- Coordinar las acciones necesarias entre los miembros para crear un plan macro con las tareas para el *sprint* (*sprint backlog*).

Al finalizar la reunión de planificación, el equipo debería contar con dos nuevos elementos:

- Un objetivo para el nuevo *sprint*.
- Una lista de características del producto o servicio esperadas a partir del *sprint* y las tareas relacionadas a ellas (*sprint backlog*).

A partir de esta información, sumaré desde el enfoque del coaching dos componentes: las conversaciones para la acción y la coordinación de acciones.

Conversación para la Acción

Una reunión de planificación de *sprint* es una conversación para la acción, habitualmente dividida en dos partes que responden a dos preguntas principales: qué y cómo.

Durante esta conversación, la intención es que los integrantes de un equipo puedan hacer pedidos, ofertas y promesas efectivas, de modo tal que al final de la reunión haya una serie de compromisos asumidos (objetivo, incremento y tareas) para el *sprint*.

Coordinación, empoderamiento, corporalidad y emociones

El espacio de la coordinación de acciones es la clave del coaching durante esta reunión.

En mi experiencia, la corporalidad de las personas durante la planificación del *sprint* es un indicador importante de cuán cerca o lejos se sienten de su percepción de éxito como participantes de esta reunión.

Por esta razón, es muy importante que el agile coach esté atento a cualquier gesto de ansiedad, frustración, dudas o desconcierto, para intervenir y ayudar a hacer visibles las emociones que esas corporalidades dejan entrever.

Realizar reconstrucciones lingüísticas de las emociones puede ayudar al equipo a reconocer sus inquietudes y animarse a indagar o declarar sus posiciones sobre los compromisos que se esperan de ellos.

A continuación, veremos dos ejemplos de intervención del agile coach durante la planificación de un *sprint*.

Ejemplo 1

Evangelina se desempeña como agile coach en un proceso de transformación digital de una entidad financiera. Son ocho los equipos que forman su universo cliente.

Durante la planificación de un *sprint* de uno de estos equipos y mientras Pedro, el Product Owner, describe detalladamente sus expectativas sobre una determinada característica del producto, Evangelina ve a Juan —uno de los integrantes del equipo— tomarse la frente y menear la cabeza sutilmente, con cierta imagen de frustración. Ante esta situación, la agile coach reconoce la necesidad de intervenir.

Nota 1: Evangelina recuerda el tema hechos e interpretaciones y se da cuenta que Juan no está frustrado, sino que es una interpretación que ella tiene a partir del gesto que le vio hacer. Por lo tanto, no da por sentada esa emoción, ya que es consciente que puede ser una inferencia infundada de su parte. Así que desiste de interpelar a Juan y preguntarle *"Juan, ¿qué te frustra?"* dado que sería un error que puede deteriorar la relación; específicamente la confianza y el respeto en la agile coach.

Nota 2: además, ella está haciendo coaching al equipo, no a los individuos del equipo, por lo tanto, no corresponde dirigirse a Juan, sino al equipo en su totalidad.

Entonces, Evangelina abre un breve espacio de chequeo durante la planificación del *sprint*, preguntando a todo el equipo: *¿Qué dudas o inquietudes actuales podrían bloquear la construcción del incremento durante este sprint?*

Es probable que, ante este espacio, Juan pueda verbalizar su emoción y su corporalidad y, de esta manera, la intervención de la agile coach fue para el bien del equipo y dará lugar al ejercicio del coaching sistémico para que los integrantes puedan elaborar las emociones que estén bloqueando el avance.

También es posible que Juan no diga palabra alguna. En este caso, corresponde que la agile coach lo deje pasar y esté atenta durante el *sprint* para validar que lo que a ella le había parecido una muestra de frustración era alguna otra cosa.

Ejemplo 2

Andrés es uno de los agile coaches de una evolución organizacional. Uno de los temas que preocupan al área de transformación a la que pertenece se relaciona con un equipo que ha tenidos problemas en los incrementos de producto de los últimos *sprints*: no cumplen con las expectativas y no logran entregar lo comprometido.

Andrés presencia una planificación de *sprint* y la dinámica que observa es la siguiente:

- El Product Owner presenta los PBIs uno a uno.
- A medida que los van discutiendo, el equipo de desarrollo los estima y los va sumando al *sprint* backlog.

- El equipo de desarrollo discute internamente su capacidad para comprometer algo más:

1. Si deciden que son capaces, el PO presenta un nuevo PBI.
2. Si deciden que no son capaces, avisan al PO y cierran el compromiso para el *sprint* actual.

A simple vista, todo parece normal, por lo cual decide dejar que el equipo avance con el *sprint* y presencia la retrospectiva hacia el final del ciclo.

En la retrospectiva, aparece que, otra vez, el equipo acaba de entregar un incremento de producto que no cumple con las expectativas. Luego de conversar al respecto, el equipo toma consciencia de la falta de espacios de refinamiento, creen que por esta razón es que los PBIs no están lo suficientemente conocidos a la hora de la reunión de planificación y que, anticipando esta conversación, lograrán resolver el problema.

Andrés deja pasar la siguiente planificación de *sprint* y presencia la reunión de refinamiento que el equipo acaba de comenzar. La dinámica que observa es la siguiente:

- El Product Owner presenta los PBIs uno a uno.
- A medida que los van viendo, el equipo de desarrollo discute internamente, los estima y los deja marcados como "sin inquietudes".

Otra vez, a simple vista todo parece normal, pero hay una sutileza que le llama la atención a Andrés: cuando el equipo discute internamente, Daniel —que ejerce el rol de líder técnico—, es quien toma la mayoría de las decisiones de diseño (tanto de usabilidad como técnicas) y es quien decide si hay o no más inquietudes.

Al inicio del siguiente *sprint* Andrés asiste a la reunión de planificación y observa una dinámica muy parecida a la primera reunión que presenció:

- El Product Owner presenta los PBIs uno a uno, muchos de

ellos previamente marcados como "sin inquietudes" durante la reunión de refinamiento.

- A medida que los van discutiendo, el equipo de desarrollo revalida la estimación y los va sumando al *sprint backlog*.
- El equipo de desarrollo discute internamente su capacidad para comprometer algo más:

1. Si deciden que son capaces, el PO presenta un nuevo PBI.
2. Si deciden que no son capaces, avisan al PO y cierran el compromiso para el *sprint* actual.

Esta reunión también parece normal, pero hay una nueva sutileza que cautiva la atención de Andrés: cada vez que los ve discutir internamente, nota que los miembros del equipo de desarrollo aceptan las decisiones de Daniel. De alguna forma, no observa que los desarrolladores interpelen al líder técnico.

Nota 1: Que el equipo no cumpla con las expectativas y no entregue a tiempo, no parece ser sólo una problemática de proceso, en tanto la instancia de refinamiento se llevó a cabo, pero el resultado no parece haber sido suficiente.

Es posible que haya algo más. Así que Andrés recuerda la importancia de indagar sobre los pedidos y cómo muchas personas asumen compromisos sin antes indagar cuáles son las expectativas de quien hace el pedido. Esto puede dar lugar a malentendidos y a diferencias entre lo esperado y lo hecho.

En los equipos de trabajo esto tiene un correlato especialmente perjudicial, porque implica invertir más horas para rehacer aquello que se hizo de una manera que no era la esperada.

A Andrés le parece que hay cierta dinámica entre el líder técnico y el resto del equipo de desarrollo que no da mucho espacio para esta indagación y recuerda que, tanto en la reunión de planificación como en la de refinamiento, las decisiones de Daniel no fueron cuestionadas ni interpeladas por el resto del equipo.

Nota 2: el coaching de Andrés es al equipo, no a los individuos, por lo tanto, lo que Andrés observa no se resuelve ni tomando a Daniel como su cliente de coaching ni al resto de los miembros del equipo de manera individual, sino considerando al equipo en su totalidad.

Andrés recuerda que en la coordinación e indagación sobre pedidos hay tres posibilidades: negociar expectativas, posponer un compromiso o rechazar un pedido.

El agile coach observa que los miembros del equipo, aparentemente, no tienen ganas o no tienen el coraje de negociar expectativas, posponer compromisos o rechazar pedidos realizados por Daniel y/o el Product Owner. Pero Andrés sabe que esa es su inferencia. Por lo tanto, la validará en lugar de darla por sentado.

Hay varias formas en las que es posible intervenir en situaciones como estas. A continuación presento tres tipos posibles.

Intervención posible 1: censo y exposición

Se trata de asumir que el miedo a la exposición o, posiblemente, a las consecuencias de cuestionar a Daniel es lo que está impidiendo a los miembros del equipo interpelar. Para evitar esta exposición Andrés puede sugerirles que, en forma anónima, expresen sus sentimientos sobre la reunión (ya sea la de refinamiento o la de planificación de *sprint*) que acaban de tener. Esta expresión anónima puede ser a través de un formulario online, un tablero en la pared, una planilla entregada en mano, etc. Un ejemplo de esto podría ser:

Pensando en la reunión que acaba de pasar, ¿cómo calificarías los siguientes aspectos? del 1 al 5, siendo 1 nada y 5 mucho:

- Fui escuchado:
- Sentí libertad para expresarme:
- Me quedaron cosas por decir:
- Pude expresar mis desacuerdos e inquietudes:

En función de lo que refleje esta indagación del equipo, Andrés podrá tener un mejor panorama para diseñar el camino a tomar. Sea cual sea este camino, la forma más adecuada de llevarlo a la práctica será como una invitación en una retrospectiva, en la cual podría aprovechar la oportunidad de presentar los resultados, compartir sus observaciones durante las reuniones y abrir una conversación acerca de cómo mejorar la situación.

Intervención posible 2: preguntas poderosas

Otra forma de intervenir es haciendo preguntas poderosas en el momento mismo de la conversación. Mientras el equipo está discutiendo los detalles de cada PBI y en el momento en que Andrés sospecha que hay algo que el equipo no le está diciendo a Daniel, podría hacer algunas de las siguientes preguntas:

- ¿Qué más estarían necesitando para sentirse 100% confiados en que van a lograr cumplir las expectativas de este PBI?
- Si quisiéramos que este PBI sea un excelente incremento de producto ¿qué información adicional les parece que podrían pedir?
- ¿Qué conocimiento nos está faltando?
- Pensando en experiencias previas similares ¿qué aspectos que no se conversaron en esa experiencia sería importante conversar en esta nueva?

Estas son algunas posibles preguntas que abrirán un espacio de conversación que Andrés intuye que tal vez antes no existía.

Como agile coaches nuestros diagnósticos son sólo intuiciones.

Intervención posible 3: evaluación 360 de liderazgo

Esta es una intervención un tanto más arriesgada y consiste en realizar una encuesta anónima y de 360 grados (colaboradores, gerentes, clientes, PO, Scrum Master, etc.) sobre el tipo de liderazgo de Daniel.

Lo recomendable es incluir esta evaluación dentro de un conjunto de evaluaciones de varias personas, de lo contrario el nivel de exposición de la persona evaluada es, a mi juicio, demasiado alto.

Una vez hecha la evaluación Andrés delegaría en un coach individual la revisión de los resultados con Daniel y el consecuente proceso de coaching necesario en caso de que su tendencia dominante en la toma de decisiones haya surgido como un factor a mejorar.

Sprint

Una recomendación especial que hago es que los agile coaches no brinden coaching individual a los miembros del equipo Scrum durante el *sprint*. Si bien es una tendencia que he visto en repetidas oportunidades, no es algo que yo considere conveniente.

Es importante recordar que el rol de coach de equipo es diferente al del coach profesional individual. El foco del coach de equipo está en el sistema, no en los individuos dentro del sistema.

En el caso que los integrantes del equipo Scrum requieran coaching individual para mejorar aspectos de su performance profesional, lo conveniente es que sea otro coach dedicado a las intervenciones individuales quien lo haga.

Ahora bien ¿qué hace el agile coach durante el *sprint*?

Durante este tiempo, el foco es observar el comportamiento del sistema completo: ¿Cómo se relacionan los integrantes del equipo?, ¿cómo llevan a cabo la coordinación de sus acciones?, ¿cómo visibilizan la información?

Durante el *sprint* se pueden hacer preguntas y desafiar abiertamente al equipo para abrir espacios de reflexión que, eventualmente, podrían surgir luego en una retrospectiva.

Es posible que un agile coach tenga varios de estos equipos o un área de la organización como universo cliente. En estos casos, es bueno utilizar el tiempo durante el *sprint* para **fomentar y desarrollar comunidades de práctica**, tema que desarrollo más adelante.

Sprint Review

El objetivo de la reunión de revisión del *sprint* es examinar el incremento del producto o servicio creado y, si fuera necesario, adaptar el *product backlog* (Schwaber & Sutherland, 2017).

En el libro "Facilitador de Equipos Ágiles", menciono la necesidad de las siguientes acciones:

- Revisar el trabajo realizado durante el *sprint*.
- Obtener *feedback* sobre el trabajo revisado.
- Modificar, si es necesario, el *product backlog* de cara a futuros *sprints*.

De esta manera, al finalizar la reunión el equipo debería contar con:

- La aceptación o el rechazo de cada uno de los ítems del *sprint backlog*.
- La verificación del cumplimiento o no, del objetivo del *sprint*.
- Un *product backlog* revisado, con nuevos ítems o ítems modificados en función del *feedback* recibido.

En el mismo libro enumero diferentes aspectos a tener en cuenta a la hora de facilitar este tipo de reuniones. Ahora bien, no es incumbencia del coach facilitar reuniones. Por esta razón, no desarrollaré estas cuestiones.

Como agile coach, sí es importante es profundizar en el concepto de *feedback* en tanto es protagonista durante la revisión del *sprint*.

Para esto, propongo hacer un pequeño ejercicio.

Me atrevo a afirmar que todos hemos recibido y dado algún tipo de feedback. Entonces, te invito a leer los tres ejemplos siguientes y señales cuál crees que podría ser un feedback efectivo.

Ejemplo: ¿Es *feedback* efectivo?

Ejemplo 1

Hola Marcos, tengo feedback para darte. En la reunión de hoy estuviste muy tímido, debería ser más osado.

Ejemplo 2

-Hola Mariana, ¿Puedo darte feedback?

- Sí, claro

- Me gustaría que cuando programes la próxima reunión, también invites al gerente de Marketing.

Ejemplo 3

-Hola Mauricio. ¿Me permites darte feedback?

-No, la verdad es que no

- Bueno, pero te lo tengo que decir igual... bla bla bla.

Respuesta correcta: ninguno. A los tres casos les faltan elementos para que sea un *feedback* efectivo, que es el que produce resultados positivos y deseables.

¿Y qué es *feedback* efectivo?

Una de las claves a la hora de trabajar eficientemente en un ambiente ágil, es contar con apertura para recibir las opiniones de otros sobre las acciones y los resultados. Esto se denomina retroalimentación o *feedback*.

Cuando hablo de *feedback* efectivo me refiero a una conversación en la cual se comparte lo observado, la interpretación sobre ello, la manera en la que eso afecta y se hacen pedidos efectivos, para finalizar con compromisos claros de mejora a futuro.

El *feedback* efectivo está compuesto por muchos de los conceptos tratados anteriormente en este libro, entre ellos: ser conscientes del poder que tienen las palabras, diferenciar hechos de interpretaciones, hacer pedidos eficientemente y generar compromisos a partir del lo compartido.

A la luz de estos conceptos, ninguno de los ejemplos anteriores puede ser considerado *feedback* efectivo.

Para profundizar en este tipo de *feedback* tomaré, como referencia, unos pasos que propone Leonardo Wolk y los aplicaré al contexto de un equipo de trabajo:

1. Tener el permiso del otro antes de dar *feedback*.
2. Ser precisos con los hechos observados.
3. Comentar la propia interpretación de los hechos.
4. Dar a conocer la propia emoción al respecto.
5. Explicitar la razón de nuestra incumbencia.
6. Hacer un pedido efectivo.
7. Indagar en la opinión del otro.
8. Generar un compromiso de acción con el otro.

A continuación, me detendré en cada uno de estos pasos para tratarlo con mayor detalle.

1. Tener el permiso del otro antes de dar *feedback*

Teniendo en cuenta el poder generativo del lenguaje, nuestras palabras tienen un poder mucho mayor del que solemos ser conscientes. Por esta razón, es necesario que la persona que escuchará nuestras opiniones sobre sus acciones nos haya autorizado. Bajo ningún punto de vista se debe dar *feedback* a alguien sin haber obtenido previamente su permiso.

Existe la posibilidad de generar un ambiente abierto y de confianza que permita dar feedback a los otros, sin saltear este paso, sino sabiendo que el permiso ya está explícito en el contexto. Para lograrlo, es fundamental trabajar antes sobre uno de los pilares fundamentales de las relaciones humanas: la confianza.

Toda revisión de *sprint* es un permiso implícito para recibir *feedback* y es probable que los miembros del equipo aún no lo consideren así. Por eso es importante como agile coach trabajar junto al equipo para clarificar este aspecto y abordar cualquier inquietud o preocupación que los equipos puedan tener.

La confianza es el
pilar que permite
ambientes 100% abiertos al feedback.

2. Ser preciso con los hechos observados

—*Hola Marcos, tengo feedback para darte. La aplicación está demasiado complicada, debería ser más simple.*

Considero que en los casos en los que el *feedback* es dado de esta manera, quien ocupe el lugar de Marcos no entenderá por qué le dicen eso. ¿Cuáles son los hechos que llevan a esta persona a opinar de esa manera? ¿Qué es lo que observó en esa aplicación? Es muy importante que estas observaciones estén descriptas desde los hechos y no desde las interpretaciones.

En este caso, la observación podría ser así:

—*Hola Marcos, tengo feedback para darte. La aplicación tiene dos tipos diferentes de menú que aparecen y desaparecen según el contexto en el cual estoy trabajando y eso me genera mucha confusión.*

3. Comentar cuál es la propia interpretación de los hechos

La interpretación que uno tiene de los hechos que observa tiene más que ver con uno mismo que con los hechos en sí. Es decir, la propia interpretación no es una propiedad o característica de los hechos. Por ejemplo, una persona puede enfermar de gripe y tomarlo como un hecho negativo (una desgracia) por la cantidad de cosas que debe hacer; o como un hecho positivo (una suerte) para, por fin, descansar. Así, dos personas pueden tener interpretaciones diferentes, y hasta opuestas, sobre el mismo hecho.

Aplicando este paso al ejemplo anterior, quedaría así:

—*Hola Marcos, tengo feedback para darte. La aplicación tiene dos tipos diferentes de menú que aparecen y desaparecen según el contexto en el cual estoy trabajando y eso me genera mucha confusión.*

Pienso que eso la hace mucho más compleja de lo que inicialmente era.

Dado que la interpretación es exclusivamente de quien la emite, en este paso es recomendable expresarla en primera persona del singular.

4. Dar a conocer la propia emoción sobre lo que se observa

Son pocas las personas que muestran sus emociones.

Las emociones representan la forma en que nos afectan las interpretaciones. Es importante transmitirlas para que el otro las conozca y para ser más claros con nosotros mismos. Por ejemplo:

—*Hola Marcos, tengo feedback para darte. La aplicación tiene dos tipos diferentes de menú que aparecen y desaparecen según el contexto en el cual estoy trabajando y eso me genera mucha confusión.*

Pienso que eso la hace mucho más compleja de lo que inicialmente era. **Siento miedo que los nuevos clientes la encuentren demasiado complicada y prefieran irse por otras aplicaciones alternativas.**

5. Explicitar la razón de nuestra incumbencia

¿Para qué damos este feedback? Teniendo la posibilidad de no hacerlo, ¿qué nos lleva a elegir hacerlo?

Responder a estas preguntas implica explicitar la razón por la cuál estamos ofreciendo *feedback*. En el ejemplo anterior:

—*Hola Marcos, tengo feedback para darte. La aplicación tiene dos tipos diferentes de menú que aparecen y desaparecen según el contexto en el cual estoy trabajando y eso me genera mucha confusión.*

Pienso que eso la hace mucho más compleja de lo que inicialmente era. Siento miedo que los nuevos clientes la encuentren demasiado complicada y prefieran irse por otras aplicaciones alternativas. **Te doy este feedback porque me preocupa mantener constante y alta nuestra conversión de nuevos clientes.**

6. Hacer un pedido efectivo

Un pedido efectivo es un pedido concreto, accionable, con condiciones de satisfacción claras. Esto hace que un pedido se diferencie de un deseo.

En lugar de decir "me gustaría que sea más simple", se puede expresar este pedido de una forma mucho más efectiva haciendo referencia a los hechos observables que refuerzan la propia opinión de una aplicación simple. Por ejemplo:

—Quiero pedirte que esté todo consolidado en un solo menú, o que la indicación de cambio de contexto sea mucho más visible.

Un pedido efectivo es concreto, accionable y con condiciones de satisfacción claras.

7. Indagar en la opinión del otro

En tanto vivimos en mundos interpretativos, no sabemos cómo las cosas son, sólo sabemos cómo las observamos y cómo las interpretamos (Echeverría, 1994).

En este sentido, no es posible decir que el *feedback* que damos es la verdad. Por lo tanto, este paso consiste en invitar al otro a compartir su parecer al respecto.

No se trata de un espacio para la justificación o el descargo del otro (como si tomara al *feedback* como una acusación), sino un espacio para compartir puntos de vista.

8. Generar un compromiso de acción con el otro

Este es el objetivo para tener en mente cada vez que se de *feedback*.

¿Qué buscamos al dar *feedback*? Rediseñar el futuro producto junto al otro. De lo contrario, el espacio abierto sería una mera catarsis, regaño o tiempo perdido.

¿Cuántas veces hemos finalizado una conversación de *feedback* generando compromisos a futuro con la contraparte?

Ahora que hemos recorrido los pasos y componentes del *feedback* efectivo, te invito a revisar nuevamente los ejemplos que figuran en la tabla, páginas atrás, y reflexiones sobre los elementos faltan en cada uno.

Dar *feedback* efectivo no es algo que se hace de la noche a la mañana. En mi caso, si bien llevo años practicando, sigo tropezando por momentos. En parte es porque suele ser más fácil dar y recibir feedback con personas con las cuales no tenemos una relación profunda.

> *El secreto para dar un feedback efectivo es practicar y practicar.*

El desafío del agile coach durante la revisión del *sprint* es que todo el *feedback* que se recibe de parte de los *stakeholders* sea *feedback* efectivo.

Sprint Retrospective

Al final de cada *sprint* el equipo se reúne en una retrospectiva. Esta reunión es una oportunidad para que el equipo revise sus acciones y cree un plan de mejoras que se llevarán adelante en el próximo *sprint* (Schwaber & Sutherland, 2017).

En el libro "Facilitador de Equipos Ágiles", menciono la necesidad de las siguientes acciones:

- Revisar la forma en la que se realizó el trabajo durante el *sprint*.
- Identificar y priorizar las fortalezas y las oportunidades de mejora.
- Planificar la incorporación de mejoras sobre la forma en la que el equipo hace su trabajo.

Al finalizar esta reunión, el equipo debería contar con un plan de mejoras para el próximo *sprint*.

En el mismo libro enumero los diferentes aspectos para tener en cuenta a la hora de facilitar este tipo de reuniones, pero dado que no le corresponde al agile coach facilitar reuniones, no ahondaré en estas cuestiones.

La retrospectiva, en términos de coaching de equipo, es una intervención del tipo "reunión de equipo". Bajo esta modalidad, el agile coach está presente y acompaña al equipo Scrum en la inspección y adaptación de su propio proceso de trabajo, reforzando así la responsabilidad colectiva y su capacidad de auto-organización.

No le corresponde al agile coach definir la estructura de la reunión, ni la agenda o las técnicas de retrospectiva a utilizar[1]. Esas son tareas del facilitador de equipos ágiles.

Lo que sí le corresponde al agile coach es la reflexión que puede catalizar en un equipo ágil y ciertos aspectos claves como **la reflexión, la claridad y el protagonismo**.

Bajo ningún punto de vista el coach se involucra en el contenido de la retrospectiva —responsabilidad del equipo— ni en el proceso de las conversaciones —responsabilidad del facilitador—.

Reflexión

Hay un poema de autor desconocido que alguna vez leí y que me hace recordar siempre a esto. Aquí lo comparto:

Perfección es querer tener razón,
excelencia es estar dispuesto a estar equivocado.

Perfección es miedo,
excelencia es tomar riesgo.

Perfección es enojo y frustración,
excelencia es poder.

Perfección es control,
excelencia es espontaneidad.

Perfección es juzgar,
excelencia es aceptar.

Perfección es tomar,
excelencia es dar.

Perfección es dudar,
excelencia es confiar.

Perfección es presión,
excelencia es natural.

Perfección es el destino,
excelencia es el viaje.

Cada vez que un equipo busca la perfección conduce a un estado de infelicidad garantizada, porque nada es perfecto. La respuesta a esta problemática es buscar la excelencia en lugar de la perfección.

La principal diferencia entre un equipo perfeccionista y un equipo que busca la excelencia es su actitud frente al error.

El equipo perfeccionista sufre cada vez que comete un error, se siente mal consigo mismo, porque toma el error como una señal de fracaso. Y si un miembro del equipo se equivoca, el resto del equipo lo hace sentir mal.

En cambio, el equipo que apunta a la excelencia se esfuerza por dar lo mejor de sí, pero tiene una actitud completamente diferente frente al error, ya que lo ve como un paso necesario para conseguir lo que quiere alcanzar.

La retrospectiva es una oportunidad enorme de reflexión y para que esta reflexión ocurra es necesario que el equipo sea capaz de aceptar dos aspectos:

- Ningún *sprint* se puede concluir con perfección.
- Ningún *sprint* es una falla catastrófica irrecuperable.

> *Todo sprint busca*
> *la excelencia,*
> *no la perfección.*

Si un equipo Scrum revisa sistemáticamente, una y otra vez, los mismos impedimentos durante las retrospectivas, se lo puede considerar como un problema del Scrum. Master que no genera un ambiente en el que el equipo pueda cambiar su realidad.

Claridad

Parte del trabajo del agile coach es que los equipos logren tomar consciencia sobre su situación.

Es posible encontrar equipos completamente ciegos a sus disfuncionalidades o posibilidades de acción. Esto no es malo en absoluto, es parte de la condición humana.

Es más, en este preciso momento también tenemos cegueras sobre nosotros mismos.

El agile coach puede recurrir a las preguntas poderosas para acompañar al equipo en su toma de consciencia. Para ello, describiré un tipo de estructura de conversación: el método O-R-I-D (Stanfield, 2013).

Este método indaga sobre las observaciones (O), reflexiones (R), interpretaciones (I) y decisiones (D).

A continuación presento un ejemplo de cada una.

[O]bservaciones

Se trata de realizar preguntas para apoyar al equipo a diferenciar observaciones de opiniones. Por ejemplo:

- ¿Qué sucedió?
- ¿Cuándo sucedió?
- ¿A quién le sucedió?
- ¿Dónde sucedió?

[R]eflexiones

Consiste en indagar sobre el efecto que tuvo en el equipo aquello que surgió durante la reflexión. Algunas preguntas pueden ser:

- ¿Cómo esto los afecta?
- ¿Cómo creen que esto afecta a otros dentro de la organización?
- ¿Cómo se sienten al respecto?
- ¿Qué consideran que han ganado o perdido a partir de esto que sucedió?

[I]nterpretaciones

Aquí se trata de comprender las interpretaciones y el significado que el equipo construye de lo sucedido. Algunas preguntas son:

- ¿Cuál piensan que fue la causa de este suceso?
- ¿Cómo creen que esto podría afectarlos en el futuro?
- ¿Qué creen que significa este suceso?

[D]ecisiones

Finalmente, se acompaña al equipo en la toma de decisiones:

- ¿Cómo podrían superarlo?
- ¿Qué quieren hacer al respecto?
- ¿Qué podría ser un resultado exitoso?

Al lograr altos niveles de claridad en el equipo, el agile coach lo ayuda a tener mayor consciencia y menos cegueras acerca de sus propias situaciones.

Protagonismo

Hay muchas ocasiones en que los equipos ágiles terminan retrospectivas en conversaciones de buenos deseos como por ejemplo "deberíamos tener una mejor comunicación".

Como se mencionó antes, para salir de este tipo de conversaciones nocivas se puede generar una conversación para la acción. Para ello sugiero que el agile coach haga las siguientes preguntas al equipo:

- ¿Quiénes necesitan tener una mejor comunicación?
- ¿Qué significa en este contexto "comunicarse mejor"?
- ¿Qué esperarían que cambie en la comunicación?
- ¿Cuándo debería mejorar esa comunicación?
- ¿Cómo podrían identificar que se están comunicando mejor?

Comunidades de práctica

Las comunidades de práctica, también denominadas por la sigla CoP, del inglés *Community of Practice*, se organizan formal e informalmente. Su foco puede ser promover un negocio, la formación y el desarrollo profesional, e incluso un pasatiempo o tema libre.

Estas comunidades emergen sin el apoyo de ninguna organización o área en particular.

La membresía en una CoP requiere una pasión por el área de conocimiento a la que se dedica la comunidad, la voluntad de contribuir a su base de conocimientos y la aplicación de nuevas habilidades. Tanto los nuevos miembros como los expertos contribuyen con sus ideas.

Dentro de las organizaciones, los participantes de las CoPs trabajan en el mismo rol: *Product Owners*, Scrum Masters, *UX Designers*. Otra posibilidad es que se reúnan en torno a intereses comunes, por ejemplo, seguridad informática, *Internet of Things*, etc. En ambos casos son comunidades en las cuales los participantes más experimentados pueden:

- Ser mentores de los principiantes
- Difundir procesos y mejores prácticas a un grupo más grande
- Resolver problemas emergentes
- Abordar iniciativas de mejora continua que atraviesan los equipos

Los integrantes de una CoP intercambian historias sobre desafíos, colaboran en tareas y comparten recursos. Estas actividades promueven el aprendizaje permanente y un ambiente de cooperación.

Si bien muchas CoPs se enfocan en roles formales, no están limitadas por la geografía o por las áreas organizacionales. De hecho, este tipo de comunidades pueden conectar múltiples áreas a través de sus miembros que experimentan estrategias utilizadas por otros. Este aspecto, en especial, corresponde al coaching empresarial y no tanto al coaching de equipos, que es el foco de este capítulo.

Las CoPs se pueden organizar a través de un proceso formal. Por ejemplo, los integrantes de un área asisten a una formación en la que colaboran aplicando sus habilidades en la resolución de nuevos problemas. Después de completar la formación, se establece un foro en línea para ayudar a los participantes a aplicar las prácticas aprendidas en situaciones reales[2].

Las CoPs también pueden emerger espontáneamente. Por ejemplo: los Scrum Masters de una organización se reúnen durante su hora de almuerzo para hablar sobre los desafíos comunes, como la facilitación de retrospectivas; los ingenieros de software pueden discutir sobre TDD o continuous delivery, etc.

A continuación, presento algunos aspectos a tener en cuenta a la hora de promover la formación de comunidades de aprendizajes.

Tener un objetivo y propósito claro

Tan pronto comience a tomar forma la CoP,

es importante ayudar a definir las metas y los objetivos que se espera lograr a través del intercambio de conocimientos.

¿Cuál es el propósito al crear esta CoP?

¿En qué aspectos quisieran ver mejoras a partir de la existencia de esta CoP?

Tener claridad sobre el *para qué* están desarrollando esta CoP ayudará a saber cómo puede contribuir cada integrante para el logro de los resultados deseados.

Establecer un acuerdo de comunidad de práctica

Es importante que cada CoP tenga un acuerdo de trabajo claro que permita identificar la estrategia del grupo, la forma en la que se comunicarán, cuándo y cómo tendrán reuniones y demás aspectos vinculados al funcionamiento de la comunidad.

Ser conscientes del aporte de cada miembro

Sería ideal que los integrantes de una CoP conozcan lo que cada uno aporta y qué conocimientos básicos o experiencia pueden compartir e intercambiar.

El objetivo es crear una CoP de aprendizaje corporativo que cuente con personas diversas con aportes únicos que representen a una amplia gama de miradas sobre el área de interés.

Por ejemplo, para una CoP de un área específica es importante invitar, al menos, una persona de cada equipo, además de aquellas personas que sobresalgan en algún tema o conjuntos de habilidades.

Actuar como facilitador o delegar la elección de un moderador

Toda CoP se completa con un facilitador.

Al comienzo quien convoca es quien actúa como facilitador de cada comunidad. Su responsabilidad es ayudar a guiar las conversaciones durante las reuniones, mantener al grupo enfocado en los temas elegidos y ser un enlace entre la organización y la comunidad de práctica.

Es importante promover que la comunidad elija a sus futuros facilitadores y establecer acuerdos para hacer facilitación de a pares, hasta que los integrantes se puedan apropiar del rol.

Si un agile coach crea una CoP, al comienzo podrá asumir el rol de facilitador. En este caso, es muy importante aclarar la función que se está desempeñando en esa instancia. Para ello, el facilitador puede explicitar las diferencias de cada rol. Aconsejo en estos casos, usar algún elemento distintivo que indique el cambio de rol, por ejemplo: un pañuelo, un gorro, una pechera, etc.

Mantener reuniones periódicas

Las reuniones regulares y a un ritmo constante son clave para el éxito de una CoP. Estos encuentros son oportunidades para compartir y colaborar de manera más efectiva, poder hablar directamente con otros miembros, además de recibir comentarios y opiniones inmediatos. De esta manera, la CoP se podrá sumar al día a día laboral como parte del trabajo.

Utilizar redes sociales

Las redes sociales —Facebook, LinkedIn y Twitter— y los foros o listas de correo, pueden servir como herramientas de comunicación de una CoP, tanto para las comunidades presenciales, como para aquellas que funcionan on-line.

Compartir ideas y trabajar juntos para encontrar soluciones nuevas e innovadoras puede realizarse de manera rápida y conveniente con estas plataformas, que incluso pueden usarse para compartir archivos, imágenes y videos.

Las competencias del agile coach profesional

Para finalizar este capítulo, retomaré algunas de las "Competencias Claves de la ICF" (*International Coach Federation*) para especificar qué se espera en el desempeño de un coach de equipos ágiles.

Sentar las bases

Cumple con el código de ética y las normas profesionales: implica la comprensión de la ética y de los estándares de coaching, y la capacidad para aplicarlos de manera apropiada en todas las situaciones de coaching.

- Comprende el código de ética de ICF y lo demuestra en sus comportamientos.
- Comprende y sigue todas las directrices éticas de la ICF.
- Comunica claramente las distinciones entre coaching, consultoría, psicoterapia y otras profesiones afines.
- Refiere / deriva a las personas a otro profesional de apoyo, sabe cuándo esto es necesario y los recursos disponibles.

Establece el acuerdo de coaching: es capaz de comprender lo que se requiere en la interacción específica de coaching y llega a un acuerdo con los equipos ágiles potenciales y nuevos sobre el proceso de coaching y la relación que mantendrán.

- Comprende y discute eficazmente con el equipo cliente las directrices y parámetros específicos de la relación de coaching. Por ejemplo, la logística, honorarios, la programación, la inclusión de otros si esto fuera apropiado.
- Llega a un acuerdo sobre lo que es apropiado en la relación y lo que no, lo que está y no está siendo ofrecido, y sobre las responsabilidades del coach y de los equipos ágiles.
- Determina si hay una coincidencia efectiva entre su método de coaching y las necesidades del potencial equipo cliente.

Co-crear la relación

Establece confianza e intimidad con los equipos ágiles: es capaz de crear un ambiente seguro y de apoyo que favorezca el respeto mutuo y la confianza.

- Demuestra preocupación genuina por el bienestar y el futuro de los equipos ágiles.
- Demuestra continuamente integridad personal, honestidad y sinceridad.
- Establece acuerdos claros y mantiene sus promesas.
- Demuestra respeto por las percepciones de los equipos ágiles y el estilo de aprendizaje que tienen.
- Brinda apoyo continuo y alienta nuevas conductas y acciones, incluyendo aquellas que involucran riesgos y miedo al fracaso.
- Pide permiso para brindar coaching a los equipos ágiles en áreas nuevas y sensibles.

Presencia del coaching: es capaz de estar plenamente consciente y crear una relación espontánea con los equipos ágiles, empleando un estilo abierto, flexible y de confianza.

- Está presente y se muestra flexible durante el proceso de coaching, danzando en el momento.

- Accede a la intuición propia y confía en el conocimiento interno, es decir: "escucha sus corazonadas".
- Está abierto a no saber y tomar riesgos.
- Ve muchas maneras de trabajar con los equipos ágiles y elige, en el momento, lo que considera más efectivo para cada uno de los equipos.
- Usa el humor eficazmente para crear ligereza y energía.
- Cambia las perspectivas y los experimentos con confianza para abrir nuevas posibilidades de acción.
- Demuestra confianza en trabajar con emociones fuertes y puede auto regularse, y no ser dominado o enredado por las emociones de los equipos ágiles.

Comunicar de forma efectiva

Escucha activa: es capaz de concentrarse completamente en lo que los equipos ágiles están diciendo y no están diciendo, para entender el significado de lo que se dice en el contexto.

- Asiste a los equipos ágiles y sigue su agenda y no a la agenda propia.
- Escucha a los equipos ágiles: sus preocupaciones, objetivos, valores y creencias acerca de lo que es y no es posible.
- Distingue entre las palabras, el tono de voz y el lenguaje corporal de los integrantes del equipo.
- Resume, parafrasea, reitera, y refleja lo que los equipos ágiles han dicho para asegurar claridad y entendimiento.
- Alienta, acepta, explora y refuerza las expresiones de los equipos ágiles sobre sus sentimientos, percepciones, preocupaciones, creencias, sugerencias, etc.
- Se integra y se basa en las ideas y sugerencias de los equipos ágiles.
- Entiende la esencia de la comunicación de los equipos ágiles y los ayuda a llegar al punto en lugar de participar en historias largas y descriptivas.
- Ayuda a los equipos ágiles a ventilar o limpiar la situación, sin juicio, con el fin de avanzar a los pasos siguientes.

Preguntas poderosas: es capaz de hacer preguntas que revelen la información necesaria y, así, obtener el máximo beneficio para la relación de coaching y para los equipos ágiles.

- Hace preguntas que reflejen la escucha activa y la comprensión de la perspectiva de los equipos ágiles.
- Hace preguntas que evoquen descubrimiento, visión, compromiso o acción, por ejemplo, aquellas que desafían las suposiciones de los equipos ágiles.
- Hace preguntas abiertas que crean una mayor claridad, posibilidad o nuevo aprendizaje.
- Hace preguntas que movilizan a los equipos ágiles hacia lo que desean, en lugar de hacer preguntas que les den espacio para justificarse o explorar el pasado.

Comunicación directa: es capaz de comunicarse de manera efectiva durante las reuniones de coaching y utilizar un lenguaje que tiene el mayor impacto positivo en los equipos ágiles.

- Es claro, elocuente y directo al compartir y dar retroalimentación.
- Reformula y articula para ayudar a los equipos ágiles a entender, desde otra perspectiva, lo que quieren o de lo que no están seguros.
- Establece claramente los objetivos del coaching, agenda de las reuniones, y el propósito de técnicas y ejercicios.
- Utiliza un lenguaje apropiado y respetuoso con los equipos ágiles. Es decir, evita expresiones sexistas, racistas, y lenguaje técnico.
- Utiliza metáforas y analogías para ayudar a ilustrar un punto o un retrato verbal.

Facilitar el aprendizaje y los resultados

Crea conciencia: es hábil para integrar y evaluar con precisión las múltiples fuentes de información, y hacer interpretaciones que ayuden a los equipos ágiles a obtener mayor conciencia para, así, lograr los resultados que acordados.

- Va más allá de lo dicho para evaluar las preocupaciones de los equipos ágiles, sin quedar atascado con sus descripciones.
- Invoca el cuestionamiento para una mejor comprensión, conciencia y claridad.
- Identifica las preocupaciones subyacentes de los equipos ágiles sobre la percepción que tienen de sí mismos con relación al mundo.
- Diferencia entre los hechos reales y las interpretaciones, y entre pensamientos, sentimientos y acciones.
- Ayuda a los integrantes de los equipos ágiles a que descubran por sí mismo sus nuevos pensamientos, creencias, percepciones, emociones, estados de ánimo, etc. que fortalecen las habilidades del equipo para tomar acción y lograr lo que les es importante.
- Comunica perspectivas más amplias e inspira a los equipos para comprometerse hacia un cambio de visión y contemplación de nuevas posibilidades para la acción.
- Ayuda a los equipos ágiles a ver los distintos factores que afectan sus comportamientos: pensamientos, emociones, corporalidades, antecedentes, etc.
- Expresa a los equipos su entendimiento de las cosas para que éste se beneficie y le sea útil y significativo.
- Identifica las fortalezas y áreas de oportunidad para crecer y aprender, y los temas hacia donde es más importante dirigirse durante el proceso de coaching.
- Invita a los equipos ágiles a distinguir entre los temas triviales y significativos, entre los actos recurrentes o situacionales, y entre las discrepancias entre lo que se dice y lo que se hace en realidad.

Diseña las Acciones: es hábil para crear junto con los equipos ágiles oportunidades continuas de aprendizaje durante el coaching, así como en las situaciones reales de trabajo. Genera compromiso en los equipos para que actúen de nuevas maneras que los lleven a lograr los resultados acordados.

- Facilita lluvias de ideas y ayuda a los equipos a definir acciones que les permitan demostrar, practicar y profundizar el nuevo aprendizaje.
- Ayuda a los equipos ágiles a centrarse y explorar de forma sistemática las oportunidades e intereses que son vitales para lograr las metas acordadas.
- Compromete a los equipos ágiles a explorar nuevas alternativas, ideas y soluciones, a evaluarlas y así tomar las decisiones pertinentes.
- Promueve el auto descubrimiento, así como la exploración activa para que los equipos ágiles puedan aplicar en su trabajo o en la vida diaria lo que han discutido y aprendido.
- Celebra la capacidad y el éxito de los equipos ágiles en su madurez y crecimiento futuros.
- Desafía los supuestos, creencias y perspectivas de los equipos ágiles para provocar en ellos diferentes ideas que ayuden a encontrar nuevas posibilidades de acción.
- Aboga y saca a relucir puntos de vista que están alineados con las metas de los equipos ágiles y los anima a considerarlos.
- Impulsa a los equipos ágiles al "hazlo ahora" durante las sesiones de coaching, ofreciendo su apoyo en el momento.
- Anima, alienta y motiva al cliente hacia un aprendizaje veloz, a la vez que respeta el ritmo del equipo.

Apoya la panificación y la definición de metas: es hábil para desarrollar y mantener un plan de coaching efectivo con el equipo cliente.

- Consolida la información que ha recolectado y establece con los equipos ágiles un plan de coaching y metas de desarrollo que atiendan las áreas de mayor interés, para lograr el correspondiente aprendizaje y crecimiento.

- Diseña un plan con objetivos "SMART": específicos, medibles, alcanzables, realistas y en un tiempo definido.
- Es flexible y hace ajustes a los planes cuando lo requiere el proceso de coaching o el contexto / situación.
- Ayuda a los equipos ágiles a identificar y utilizar nuevos recursos para el aprendizaje, por ejemplo: libros u otros profesionales.
- Identifica y refuerza cualquier éxito o logro en los equipos ágiles, por pequeño que éstos sean.

Gestiona el progreso y el nivel de responsabilidad y compromiso: cuenta con la habilidad para mantener la atención en lo que es importante para los equipos ágiles y deja la responsabilidad de la acción en manos de los integrantes de los equipos.

- Solicita de forma clara a los equipos ágiles acciones que los lleven a moverse en dirección hacia el logro de las metas pactadas.
- Sigue el plan cuestionando a los equipos ágiles sobre las tareas específicas a las cuales se comprometieron en la sesión anterior.
- Reconoce a los equipos ágiles los avances que han hecho, lo que no han hecho, lo que han aprendido y la nueva conciencia que han adquirido durante las reuniones de coaching.
- Prepara, organiza y revisa cuidadosamente con los equipos ágiles la información que han recabado durante el proceso de las reuniones de coaching.
- Mantiene al corriente a los equipos ágiles entre sesión y sesión, focalizando en el plan de acción, los resultados deseados, las actividades anteriores acordadas y los próximos pasos a seguir durante las siguientes sesiones.
- Se centra en el plan de coaching, pero es flexible y está abierto a ajustar comportamientos y actos a partir de cambios que surjan durante las sesiones.
- Tiene la habilidad para adaptarse y moverse de la idea general

al caso particular que está afectando el desempeño de los equipos ágiles en ese momento. También es capaz de crear el contexto de lo que se está tratando es ese momento y no perder de vista a donde quiere ir el equipo.

- Promueve la autodisciplina en los equipos ágiles, cree en ellos y está convencido de que estos se harán responsables de lo que dicen que harán en los tiempos acordados y por los resultados que estos actos generen.
- Desarrolla, en los equipos ágiles, la habilidad para tomar decisiones, atender las prioridades y generar crecimiento a su propio ritmo a través de la retroalimentación, el aprendizaje de experiencias anteriores y el discernimiento de lo que es importante.
- Confronta a los equipos ágiles de manera positiva cuando no han llevado a cabo las acciones acordadas.

Para reflexionar

Toma unos minutos y reflexiona sobre el tema tratado en este capítulo.

A continuación, comparto algunas preguntas para que te hagas y, si quieres, también respondas aquí.

1 . *¿Qué nuevos aprendizajes descubriste con este capítulo?*

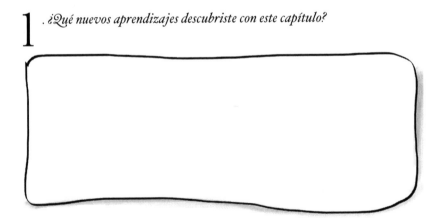

2. *¿Qué nuevas preguntas surgieron en ti a partir de los conceptos vistos?*

3. *¿Qué harías diferente en tu práctica profesional a partir de lo aprendido en este capítulo?*

Para practicar

Puede suceder que, en oportunidades, te sientas presionado para aconsejar a los equipos como experto en agilidad. En esos casos, te recomiendo que trates de resistir la tentación: tómate un tiempo para reflexionar sobre la situación y piensa qué preguntas poderosas podrían ayudar al equipo a descubrir la respuesta buscada. También puedes esperar hasta el día siguiente, cuando hayas dormido y hayas permitido que tu subconsciente procese el problema.

También es probable que te ayude mucho el hablar de los problemas con alguien fuera del equipo y, si es posible, hasta fuera de la empresa. En este caso, simplemente el explicar el problema a otra persona te ayudará a verlo desde una nueva perspectiva.

¡Ahora te invito a practicar!

Piensa en un problema que está atravesando uno de los equipos de tu universo cliente y conéctate con otro agile coach, ya sea dentro de tu organización o fuera de la misma, por ejemplo, en la comunidad.

Comparte el problema y tengan una conversación al respecto. Tu objetivo es descubrir qué preguntas poderosas pueden ayudar al equipo a encontrar por sí mismo una posible solución. Luego, puedes responder la siguiente pregunta.

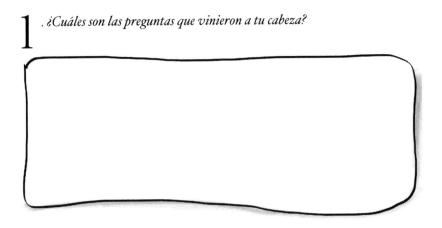

1. *¿Cuáles son las preguntas que vinieron a tu cabeza?*

Para practicar más

Todos los equipos tienen un elefante en la habitación.

En inglés, *elephant in the room* («elefante en la habitación») es una expresión metafórica que hace referencia a una verdad evidente que es ignorada o pasa inadvertida.

También se aplica a un problema o riesgo obvio que nadie quiere discutir. Se basa en la idea que sería imposible pasar por alto la presencia de un elefante en una habitación; entonces, si las personas que se encuentran allí fingen que el elefante no está, han decidido, deliberadamente, evitar lidiar con el problema.

Piensa en un problema que esté frenando a un equipo y del cual prefieren no hablar. Como su coach, menciona el problema en la próxima retrospectiva, valida su existencia y alienta al equipo a discutir si hay alguna acción que puedan tomar para resolverlo.

Evita presionar al equipo para que discutan el tema y hazle saber que estás al tanto y dispuesto a hablar al respecto.

Una vez hecha esta práctica puedes responder las preguntas que figuran a continuación.

1. *¿Qué descubriste de ti mismo haciendo esta práctica? Piensa en lo que sucedió antes, durante y después.*

2 . ¿Qué descubriste del equipo haciendo esta práctica? Piensa en lo que sucedió antes, durante y despúes.

3 . ¿Qué piensas hacer la próxima vez que sospeches de la existencia de un elefante en la habitación?

Para practicar aún más

Muchos equipos se paralizan ante el riesgo que puede implicar un cambio en su manera de trabajar.

Como agile coach, ya tienes herramientas para empoderar al equipo. Si no las recuerdas, te invito a revisar la sección referida a "Equipos Poderosos" en el capítulo 11.

En esta oportunidad te propongo sumar un condimento a las herramientas que ya tienes: **reducir la percepción de riesgo transformando el cambio en un experimento**.

Esto ayudará al equipo a definir un beneficio esperado de este experimento y a involucrarse en la construcción de un enfoque que podrán adoptar durante un período de prueba. Luego, ellos mismos podrán revisar si han obtenido el beneficio esperado.

Cada experimento no implica un cambio definitivo, lo cual facilita que las personas estén más dispuestas a intentarlo, incluso aquellos miembros del equipo que se muestran escépticos sobre los beneficios.

El secreto es que, de esta manera, el equipo se estará acostumbrando a realizar una serie de pequeños cambios. Y, de a poco, estarán listos para hacer cambios cada vez más grandes.

Una vez que lo hayas hecho, te invito a responder las siguientes preguntas.

1 . *¿Qué descubriste de ti mismo haciendo esta práctica? Piensa en lo que sucedió antes, durante y después.*

2. ¿Qué descubriste del equipo mismo haciendo esta práctica? Piensa en lo que sucedió antes, durante y después.

3. ¿Qué piensas hacer la próxima vez que te enfrentes a una situación similar?

15

APRENDIZAJE DEL AGILE COACH PROFESIONAL

Autoevaluación

En este capítulo presento un modelo de autoevaluación diseñado a partir de los diferentes niveles del proceso de aprendizaje propuestos por los Dreyfus.

La invitación es que lo utilices a lo largo de tu carrera como coach de equipos ágiles.

La autoevaluación está organizada en diferentes áreas a considerar y explorar. A su vez, cada una de estas áreas se divide en diferentes aspectos.

La propuesta es que asignes un número del 0 al 5 a cada aspecto, según el nivel del proceso de aprendizaje en el que consideras que estás con relación a dicho aspecto.

Luego de asignar los valores, será necesario que calcules el promedio correspondiente a cada área. Ese promedio indicará el estadio del proceso de aprendizaje en el que te encuentras respecto a esa determinada área de coaching.

Recomiendo tener cerca la siguiente tabla de referencia mientras realizas la autoevaluación:

0: Ignorante

No tengo conocimiento alguno sobre este aspecto ni entiendo a qué se refiere.

1: Novato

Sólo me considero capaz de desempeñarme en este aspecto si sigo las instrucciones. La autonomía que tengo en este dominio es nula. Dependo de las guías con pasos que indican cómo proceder.

2: Principiante Avanzado

Estoy desarrollando las capacidades necesarias en este dominio. Soy consciente de que aún no puedo desempeñarme efectivamente. El grado de autonomía que tengo es limitado.

3: Competente

Me siento cómodo, pero busco supervisión frente a situaciones inesperadas o de emergencia. Salvando estos casos especiales, puedo responsabilizarme de las situaciones de forma autónoma.

4: Diestro

Soy autónomo, no necesito guía directa o supervisión. Estoy familiarizado con los desafíos que pueden presentarse. Sé cómo anticiparme y cómo tratarlos cuando aparecen.

Soy considerado un referente por aquellos que no se desempeñan en este dominio.

Produzco resultados. Actúo con un pequeño grado de deliberación, podría decir que mi hacer es un fluir. Sólo las situaciones inesperadas interrumpen ese fluir. He desarrollado un sentido de responsabilidad por mis acciones y por el producto de ellas.

5: Experto

Me desempeño con poca o ninguna deliberación. Mis acciones parecen una danza. Existe poca interrupción y cuando se presentan desafíos inesperados, tengo recursos a la mano.

Establezco estándares de desempeño en el dominio y mis acciones son imitadas por otros. Además de hacer lo que es necesario hacer, le agrego a mi trabajo mi propio estilo personal.

¿Cómo me veo?

S iento las bases

Cumplo con el código de ética y las normas profesionales: comprendo la ética y los estándares del coaching y poseo la capacidad para aplicarlos de manera apropiada en todas las situaciones de coaching.

[1 | 2 | 3 | 4 | 5] Comprendo y demuestro en mis comportamientos el código de ética de ICF.

[1 | 2 | 3 | 4 | 5] Comprendo y sigo todas las directrices éticas de la ICF.

[1 | 2 | 3 | 4 | 5] Comunico claramente las distinciones entre coaching, consultoría, psicoterapia y otras profesiones afines.

[1 | 2 | 3 | 4 | 5] Refiero a los individuos a otro profesional de apoyo, sé cuándo esto es necesario y los recursos disponibles.

Promedio: [____]

Establezco un acuerdo de coaching: soy capaz de comprender lo que se requiere en la interacción específica de coaching y de llegar a un acuerdo con los equipos ágiles potenciales y nuevos sobre el proceso de coaching y la relación.

[1 | 2 | 3 | 4 | 5] Comprendo y discuto eficazmente con el equipo cliente las directrices y parámetros específicos de la relación de coaching, por ejemplo: la logística, honorarios, la programación, la inclusión de otros si es apropiado.

[1 | 2 | 3 | 4 | 5] Llego a un acuerdo sobre lo que es apropiado en la relación y lo que no, lo que está y no está siendo ofrecido, y sobre las responsabilidades del coach y de los equipos ágiles.

[1 | 2 | 3 | 4 | 5] Determino si hay una coincidencia efectiva entre mi método de coaching y las necesidades del cliente potencial.

Promedio: [____]

Co-Creo la relación

Establezco confianza e intimidad con los equipos ágiles: soy capaz de crear un ambiente seguro y de apoyo que promueva el respeto mutuo y la confianza.

[1 | 2 | 3 | 4 | 5] Demuestro preocupación genuina por el bienestar y futuro de los equipos ágiles.

[1 | 2 | 3 | 4 | 5] Establezco acuerdos claros y mantengo mis promesas.

[1 | 2 | 3 | 4 | 5] Demuestro respeto por las percepciones de los equipos ágiles y el estilo de aprendizaje de cada uno.

[1 | 2 | 3 | 4 | 5] Demuestro continuamente integridad personal, honestidad y sinceridad.

[1 | 2 | 3 | 4 | 5] Brindo apoyo continuo y aliento nuevas conductas y acciones, incluyendo aquellas que involucran riesgos y miedo al fracaso.

[1 | 2 | 3 | 4 | 5] Pido permiso para brindar coaching a los equipos ágiles en áreas nuevas y sensibles.

Promedio: [____]

Presencia del coaching: soy capaz de estar plenamente consciente y crear una relación espontánea con los equipos ágiles, empleando un estilo abierto, flexible y de confianza.

[1 | 2 | 3 | 4 | 5] Estoy presente y me muestro flexible durante el proceso de coaching, danzando con el momento.

[1 | 2 | 3 | 4 | 5] Accedo a mi intuición, confío en el conocimiento interno y escucho mis corazonadas.

[1 | 2 | 3 | 4 | 5] Estoy abierto a no saber y tomar riesgos.

[1 | 2 | 3 | 4 | 5] Veo muchas maneras de trabajar con los equipos ágiles y elijo, en el momento, aquello que considero más efectivo para cada uno de ellos.

[1 | 2 | 3 | 4 | 5] Uso el humor eficazmente para crear ligereza y energía.

[1 | 2 | 3 | 4 | 5] Cambio las perspectivas y los experimentos con nuevas posibilidades de acción de manera confiada.

[1 | 2 | 3 | 4 | 5] Demuestro confianza al trabajar con emociones fuertes. Puedo auto regularme y no ser dominado o enredado por las emociones de los equipos ágiles.

Promedio: [____]

Comunico de forma efectiva

Escucho activamente: soy capaz de concentrarme completamente en lo que los equipos ágiles están diciendo y no están diciendo, para entender el significado de lo que se dice en el contexto.

[1 | 2 | 3 | 4 | 5] Asisto a los equipos ágiles y sigo su agenda en lugar de mi propia agenda.

[1 | 2 | 3 | 4 | 5] Escucho a los equipos ágiles: sus preocupaciones, objetivos, valores y creencias sobre lo que es posible y sobre lo que no lo es.

[1 | 2 | 3 | 4 | 5] Distingo entre las palabras, el tono de voz y el lenguaje corporal.

[1 | 2 | 3 | 4 | 5] Resumo, parafraseo, reitero y reflejo lo que los equipos han dicho para asegurar claridad y entendimiento.

[1 | 2 | 3 | 4 | 5] Aliento, acepto, exploro y refuerzo las expresiones de los equipos ágiles sobre sus sentimientos, percepciones, preocupaciones, creencias, sugerencias, etc.

[1 | 2 | 3 | 4 | 5] Integro y me baso en las ideas y sugerencias que realizan los equipos ágiles.

[1 | 2 | 3 | 4 | 5] Entiendo la esencia de la comunicación de los equipos ágiles y los ayudo a llegar al punto, en lugar de participar en historias largas y descriptivas.

[1 | 2 | 3 | 4 | 5] Ayudo a los equipos ágiles a ventilar o limpiar la situación, sin juicio, con el fin de pasar a los pasos siguientes.

Promedio: [_____]

Preguntas Poderosas: soy capaz de hacer preguntas que revelen la información necesaria y, así, obtener el máximo beneficio para la relación de coaching y para los equipos ágiles.

[1 | 2 | 3 | 4 | 5] Hago preguntas que reflejan mi escucha activa y mi comprensión de la perspectiva de los equipos ágiles.

[1 | 2 | 3 | 4 | 5] Hago preguntas que evoquen descubrimiento, visión, compromiso o acción, por ejemplo, preguntas que desafían las suposiciones de los equipos ágiles.

[1 | 2 | 3 | 4 | 5] Hago preguntas abiertas que crean una mayor claridad, posibilidad y nuevo aprendizaje.

[1 | 2 | 3 | 4 | 5] Hago preguntas que mueven a los equipos ágiles hacia lo que desean y evito preguntas que den espacio a la justificación o exploración del pasado.

Promedio: [_____]

Comunicación directa: soy capaz de comunicarme de manera efectiva durante las reuniones de coaching y utilizo un lenguaje que tiene el mayor impacto positivo posible en los equipos ágiles.

[1 | 2 | 3 | 4 | 5] Soy claro, elocuente y directo al compartir y dar retroalimentación.

[1 | 2 | 3 | 4 | 5] Reformulo y articulo lo dicho para ayudar a los equipos ágiles a entender desde otra perspectiva lo que quieren o aquello de lo que no están seguros.

[1 | 2 | 3 | 4 | 5] Establezco claramente los objetivos del coaching, la agenda de las reuniones y el propósito de técnicas o ejercicios propuestos.

[1 | 2 | 3 | 4 | 5] Utilizo un lenguaje apropiado y respetuoso con los equipos ágiles, evitando expresiones sexistas, racistas, técnicas o jerga.

[1 | 2 | 3 | 4 | 5] Utilizo metáforas y analogías para ayudar a ilustrar un asunto o un retrato verbal.

Promedio: [____]

Facilito el aprendizaje y los resultados

Creo conciencia: soy hábil para integrar y evaluar con precisión las múltiples fuentes de información y hago interpretaciones que ayudan a los equipos ágiles a obtener mayor conciencia y, así, lograr los resultados que acordados.

[1 | 2 | 3 | 4 | 5] Voy más allá de lo dicho para evaluar las preocupaciones de los equipos ágiles, sin engancharme con sus descripciones.

[1 | 2 | 3 | 4 | 5] Invoco el cuestionamiento para promover una mejor comprensión, conciencia y claridad.

[1 | 2 | 3 | 4 | 5] Identifico las preocupaciones subyacentes de los equipos ágiles sobre la percepción que tienen de sí mismos y su relación con el mundo.

Diferencio entre los hechos reales y las interpretaciones, y entre pensamientos, sentimientos y acciones.

[1 | 2 | 3 | 4 | 5] Ayudo a los equipos a que descubran por sí mismos sus nuevos pensamientos, creencias, percepciones, emociones, estados de ánimo, etc., los cuales fortalecen sus habilidades para tomar acción y lograr lo importante para ellos.

[1 | 2 | 3 | 4 | 5] Comunico perspectivas más amplias e inspiro a los equipos a comprometerse hacia un cambio de visión y, así, contemplar nuevas posibilidades para la acción.

[1 | 2 | 3 | 4 | 5] Ayudo a los equipos ágiles a ver los distintos factores que afectan a sus comportamientos: pensamientos, emociones, corporalidades, antecedentes, etc.

[1 | 2 | 3 | 4 | 5] Expreso mi entendimiento de las cosas de tal modo que éste se beneficie, y le sea útil y significativo.

[1 | 2 | 3 | 4 | 5] Identifico las fortalezas y áreas de oportunidad que tienen los equipos para crecer y aprender, así como también, los temas hacia donde es más importante dirigirse durante el proceso de coaching.

[1 | 2 | 3 | 4 | 5] Invito a los equipos ágiles a distinguir entre los temas triviales y significativos, entre los actos recurrentes o situacionales, y a observar las discrepancias entre lo que dicen y lo que hacen.

Promedio: [_____]

Diseño el método de acción: soy hábil para crear, junto con los equipos ágiles, continuas oportunidades de aprendizaje durante el proceso de coaching, así como en las situaciones reales de trabajo y de la vida. Genero compromiso en los equipos para que actúen de nuevas maneras que los lleven a lograr los resultados acordados.

[1 | 2 | 3 | 4 | 5] Facilito lluvias de ideas y ayudo a los equipos a definir acciones que les permitan demostrar, practicar y profundizar el nuevo aprendizaje.

[1 | 2 | 3 | 4 | 5] Ayudo a los equipos ágiles a centrarse y explorar de forma sistemática las oportunidades e intereses que son vitales para lograr las metas acordadas.

[1 | 2 | 3 | 4 | 5] Comprometo a los equipos ágiles a explorar nuevas alternativas, ideas y soluciones, a evaluarlas y así tomar las decisiones pertinentes.

[1 | 2 | 3 | 4 | 5] Promuevo el auto descubrimiento, así como la exploración activa para que los equipos ágiles puedan aplicar en su trabajo o vida diaria lo que se ha discutido y aprendido.

[1 | 2 | 3 | 4 | 5] Celebro la capacidad y el éxito de los equipos ágiles en su madurez y crecimiento.

[1 | 2 | 3 | 4 | 5] Desafío Las perspectivas, supuestos y creencias de los equipos ágiles para provocar en ellos nuevas ideas que les permitan encontrar distintas posibilidades de acción.

[1 | 2 | 3 | 4 | 5] Abogo y saco a relucir puntos de vista que estén alineados con las metas de los equipos ágiles y los animo a considerarlos.

[1 | 2 | 3 | 4 | 5] Impulso a los equipos ágiles al "hazlo ahora" durante las sesiones de coaching y les proveo mi apoyo en ese momento.

[1 | 2 | 3 | 4 | 5] Animo, aliento y motivo a los equipos hacia un aprendizaje veloz y, a la vez, respeto su propio ritmo.

Promedio: [_____]

Apoyo la panificación y la definición de metas: soy hábil para desarrollar y mantener un plan de coaching efectivo con los equipos ágiles.

[1 | 2 | 3 | 4 | 5] Consolido la información que he recolectado y establezco con los equipos ágiles un plan de coaching y metas de desarrollo que atiendan las áreas de mayor interés, para lograr el debido aprendizaje y crecimiento.

[1 | 2 | 3 | 4 | 5] Diseño un plan con objetivos "SMART": específicos, medibles, alcanzables, realistas y con tiempo definido.

[1 | 2 | 3 | 4 | 5] Soy flexible: hago ajustes a los planes, en caso de que así lo requiera el proceso de coaching o debido a cambios en el contexto / situación.

[1 | 2 | 3 | 4 | 5] Ayudo a los equipos ágiles a identificar y utilizar nuevos recursos para el aprendizaje, por ejemplo: libros u otros profesionales.

[1 | 2 | 3 | 4 | 5] Identifico y refuerzo cualquier éxito o logro en los equipos ágiles, por pequeño que éstos sean.

Promedio: [_____]

Gestiono el progreso y el nivel de responsabilidad y compromiso: soy hábil y capaz para mantener la atención en lo que es importante para los equipos ágiles y para dejar la responsabilidad de la acción en sus propias manos.

[1 | 2 | 3 | 4 | 5] Solicito claramente a los equipos ágiles acciones que los lleven a moverse hacia el logro de las metas acordadas.

[1 | 2 | 3 | 4 | 5] Hago el seguimiento del plan e indago sobre las tareas específicas a las cuales cada equipo ágil se comprometió a realizar en la sesión anterior.

[1 | 2 | 3 | 4 | 5] Reconozco explícitamente ante los equipos ágiles los avances de lo realizado, lo que no han hecho, lo que han aprendido y la nueva conciencia que han adquirido durante las reuniones de coaching.

[1 | 2 | 3 | 4 | 5] Preparo, organizo y reviso cuidadosamente junto con los equipos ágiles, la información que han recabado durante el proceso de coaching.

[1 | 2 | 3 | 4 | 5] Mantengo a los equipos ágiles al tanto entre sesión y sesión, focalizando en el plan de acción, los resultados deseados, las actividades acordadas y los próximos pasos a seguir durante las siguientes sesiones.

[1 | 2 | 3 | 4 | 5] Me centro en el plan de coaching, a la vez que soy flexible y estoy abierto a ajustar comportamientos y actos basados en cambios que surjan durante las sesiones.

[1 | 2 | 3 | 4 | 5] Tengo la habilidad para adaptarme y moverme de la idea general al caso particular que está afectando el desempeño de los equipos ágiles en ese momento. Así como también, puedo crear el contexto de lo que se está tratando es ese momento y no perder de vista a donde quieren ir los equipos.

[1 | 2 | 3 | 4 | 5] Promuevo la autodisciplina en los equipos ágiles, creo en ellos y estoy convencido de que se harán responsables de aquello que dicen que harán, en los tiempos acordados y que también será responsables por los resultados que estos actos generen.

[1 | 2 | 3 | 4 | 5] Desarrollo en los equipos ágiles la habilidad para tomar decisiones, atender las prioridades y generar auto crecimiento a su propio ritmo, a través de la retroalimentación, el aprendizaje de experiencias anteriores y el discernimiento de lo que es importante.

[1 | 2 | 3 | 4 | 5] Confronto a los equipos ágiles de manera positiva cuando no han llevado a cabo las acciones acordadas.

Promedio: [＿＿]

Teniendo en cuenta los promedios de cada una de las áreas que comprende esta autoevaluación, ¿cuáles crees que son aquellas en las que necesitas desarrollar más tus habilidades?

T e recomiendo realizar esta autoevaluación, al menos, cada tres meses y llevar un registro de tu progreso.

Si atiendes decididamente aquellas áreas que crees que debes mejorar, antes de lo que te imagines estarás desempeñándote como coach diestro o experto de equipos ágiles.

El próximo paso

Este libro está dedicado al segundo paso en el camino de desarrollo profesional de un coach en Agilidad Empresarial. Este segundo paso es, precisamente, brindar coaching a equipos ágiles.

Tal como se explicó en el prólogo de este libro, la concepción de carrera propuesta está inspirada en el camino de desarrollo[1] propuesto por el Consorcio Internacional para la Agilidad (IC Agile).

Tal y como concibo el camino profesional en esta disciplina, a partir de aquí es posible seguir el desarrollo hacia el coaching ágil empresarial.

Antes de finalizar este segundo volumen, de la misma manera que lo hice en el primero, quiero compartir un fragmento del libro "Las enseñanzas de Don Juan" de Carlos Castaneda, que ha marcado mi vida profesional, luego de haber conocido la agilidad y el coaching. Este pasaje se conoce como "Un camino con corazón" y dice así:

...Cualquier cosa es un camino entre cantidades de caminos. Por eso debes tener siempre presente que un camino es sólo un camino. Si sientes que no deberías seguirlo, no debes seguir en él bajo ninguna condición. Para tener esa claridad debes llevar una vida disciplinada. Sólo entonces sabrás que un camino es nada más un camino, y no hay afrenta, ni para ti ni para otros, en dejarlo si eso es lo que tu corazón te dice. (...)

Mira cada camino de cerca y con intención. Pruébalo tantas veces como consideres necesario. Luego hazte a ti mismo, y a ti solo, una pregunta:

¿Tiene corazón este camino?

Si tiene, el camino es bueno; si no, de nada sirve. Todos los caminos son lo mismo, no llevan a ninguna parte. Son caminos que van por el matorral. Ningún camino lleva a ninguna parte, pero uno tiene corazón y el otro no. Uno hace gozoso el viaje; mientras lo sigas, eres uno con él. El otro te hará maldecir tu vida. Uno te hace fuerte; el otro te debilita.

El problema es que nadie se hace la pregunta, y cuando por fin se da cuenta de que ha tomado un camino sin corazón, el camino está ya a punto de matarlo. Un camino sin corazón nunca se puede disfrutar. Hay que trabajar duro tan sólo para tomarlo. En ese punto pocas personas pueden parar a pensar y dejar el camino.

En cambio, un camino con corazón es fácil: no te hace trabajar por tomarle gusto. Para mí existe solamente el viajar por caminos con corazón, en cualquier camino que pueda tener corazón. Por ahí viajo, y el único desafío que vale la pena es atravesarlo en toda su longitud. Y por ahí viajo, buscando, buscando, sin aliento.

E ntonces, tú, coach de equipos ágiles, que tienes intensión de seguir el camino hacia el coaching en Agilidad Empresarial, te invito a que te formules siempre que puedas, esta pregunta:

¿Tiene corazón este camino?

¡Gracias por haber llegado hasta aquí!

Martín.

ACERCA DEL AUTOR

Martín Alaimo es formador y consultor dedicado a la agilidad de negocio y creación de productos. Por más de 15 años ha acompañado a empresas y profesionales del conocimiento en su camino de transformación hacia la Agilidad para el desarrollo y oferta de productos digitales. Desde 2009 ha tenido la fortuna de entrenar a más de 6.000 profesionales en América Latina, asesorar a empresas en 7 países de la región y publicar 4 libros acerca de los beneficios de la Agilidad y el Coaching Ágil en la innovación digital.

Puedes encontrarlo en hola@martinalaimo.com

instagram.com/martinalaimo

youtube.com/martinalaimotv

facebook.com/martinalaimo

BIBLIOGRAFÍA

Adkins, L. (2010). *Coaching Agile Teams*. Addison-Wesley Professional.

Adzic, G. (2012). *Impact Mapping: Making a big impact with software products and projects*. Provoking Thoughts.

Alaimo, M. (2013). *Equipos Más Productivos*. Kleer.

Alaimo, M., & Salias, M. (2015). *Proyectos Ágiles con Scrum: Flexibilidad, aprendizaje, innovación y colaboración en contextos complejos* (2 ed.). Kleer.

Bachrach, E. (2016). *Ágilmente*.

Behrens, P. (2011). *Applying to Become a CSC*. Obtenido de Scrum Alliance: https://www.scrumalliance.org/community/articles/2011/september/applying-to-become-a-csc

Block, P. (1993). *Stewardship: Choosing Service Over Self Interest*.

Bressen, T. (2005-2007). *Group Facilitation Premier*. Eugene, OR: www.treegroup.info.

Brown, T. (June de 2005). *Strategy by Design*. Obtenido de Fast Company.

Cohn, M. (2005). *Agile Estimating and Planning*. Prentice Hall PTR.

Cohn, M. (13 de 9 de 2012). *A Weighty Matter for the Daily Scrum.* Obtenido de Mountain Goat Software: http://www.mountaingoatsoftware.com/blog/weighty-matter-daily-scrum

Cohn, M. (s.f.). *Sprint Planning Meeting.* Obtenido de Mountain Goat Software: https://www.mountaingoatsoftware.com/agile/scrum/sprint-planning-meeting

Cornu, L. (2002). *La confianza en las relaciones pedagógicas.* Novedades Educativas.

Covey, S. M. (2008). *The SPEED of Trust.* Free Press.

DeMarco, T. (1987). *Peopleware: Productive Projects and Teams.* Addison-Wesley Professional.

Deza, M., & Deza, E. (2009). *Encyclopedia of Distances.* Springer.

Doran, G. (1981). There's a S.M.A.R.T. way to write management's goals and objectives. *Management Review, EBSCO, 70*(11), 35-36.

Dreyfus, H., & Dreyfus, S. (1986). *Mind over machine: The power of human intuition and expertise in the era of the computer.* Free Press.

Echeverría, R. (1991). *Aprendiendo a Aprender.* Ediciones Granica S.A.

Echeverría, R. (1994). *Ontología del Lenguaje.* Ediciones Granica S.A.

Echeverría, R. (2000). *La empresa emergente.* Ediciones Granica S.A.

Echeverría, R. (2006). *Actos de lenguaje vol. 1: la escucha.* J.C. Sáez.

Goleman, D. (1996). *Emotional Intelligence: Why It Can Matter More Than IQ.* Bantam Books.

Greenleaf, R. (1991). *The Servant as Leader.* The Greenleaf Center for Servant Leadership.

Hickman, C., Connors, R., & Smith, T. (1994). *The Oz Principle.* Portfolio.

Hiromoto, H. (s.f.). Obtenido de Scrum Orgánico: http://www.scrumorganico.com

Hohmann , L. (2006). *Innovation Games: Creating Breakthrough Products Through Collaborative Play*. Addison-Wesley Professional.

ICF. (s.f.). *Core Competencies*. Obtenido de https://coachfederation.org/

Kaner, S. (2007). *Facilitator's Guide to Participatory Decision-Making* (2nd Edition ed.). Jossey-Bass.

Katzenbach, J. R., & Smith, D. K. (2015). *The Wisdom of Teams: Creating the High-Performance Organization*. Harvard Business Review Press.

Kerth, N. L. (2001). *Project Retrospectives: A Handbook for Team Reviews*. Dorset House.

Kerth, N. L. (2001). *Project Retrospectives: A Handbook for Team Reviews*. Dorset House.

King, B. (1998). *The Idea Edge*. Goal Q P C Inc.

Kofman, F. (2001). *Metamanagement* (Vol. Tomo 2).

Kofman, F. (2013). *Conscious Business*. Sounds True.

Kofman, F. (2013). *Conscious Business*. Sounds True.

Laloux, F. (2014). *Reinventing Organizations*. Nelson Parker.

Larsen, D., & Derby, E. (2006). *Agile Retrospectives: Making Good Teams Great*. Pragmatic Bookshelf.

Lencioni, P. (2012). *The Advantage*. Jossey-Bass.

MacLean, P. D. (1990). *The Triune Brain in Evolution: Role in paleocerebra functions*. Plenum Press.

Maturana, H., & Varela, F. (1984). *El Árbol del Conocimiento*. Lumen.

McKergow, M. (2014). *Host*. Solutions Books.

Moore, G. (2006). *Crossing the Chasm*. HarperBusiness.

Nielsen, L. (s.f.). *Personas*. Obtenido de Interaction Design Foundation: https://www.interaction-design.org/literature/book/the-encyclopedia-of-human-computer-interaction-2nd-ed/personas

Olalla, J. (2000). *Lingüística de Emociones y Estados de Ánimo*. The Newfield Network.

Olalla, J. (2000). *Reconstrucción Lingüística de Emociones y Estados de Ánimo*. The Newfield Network.

Owen, H. (2008). *Open Space Technology: A User's Guide*. Berrett-Koehler Publishers.

Patton, J. (2008). *The new user story backlog is a map*. Obtenido de Agile Product Design: http://www.agileproductdesign.com/blog/the_new_backlog.html

Patton, J., & Economy, P. (2014). *User Story Mapping: Discover the Whole Story, Build the Right Product*. O'Reilly Media.

Pichler, R. (2010). *Agile Product Management with Scrum*. Addison-Wesley Professional.

Pink, D. (2009). *Drive: The Surprising Truth About What Motivates Us*. Riverhead Books.

PMI. (2013). *PMBOK® guide*. (5, Ed.) Project Management Institute.

Rasmusson, J. (2010). *The Agile Samurai*. Pragmatic Bookshelf.

Schein, E. (2010). *Organizational Culture and Leadership*. Jossey-Bass.

Schwaber, K., & Beedle , M. (2001). *Agile Software Development with Scrum*. Pearson.

Schwaber, K., & Sutherland, J. (July de 2013). *Scrum Guide*. Obtenido de Scrum Guides: http://www.scrumguides.org/

Schwaber, K., & Sutherland, J. (July de 2018). *Scrum Guide*. Obtenido de Scrum Guides: http://www.scrumguides.org/

Schwarz, R. (2002). *The Skilled Facilitator*. Jossey-Bass.

Schwarz, R. (2002). *The Skilled Facilitator*. Jossey-Bass.

Senge, P. (2012). *La Quinta Disciplina*. Granica.

Simmel, G. (1908). *Secreto y sociedades secretas.* reedición de CH V. de Sociología.

Spears, L. (2000). On Character and Servant-Leadership: Ten Characteristics of Effective, Caring Leaders. *Concepts & Connections, 8(3)*.

Stanfield, B. (2013). *The Art of Focused Conversation: 100 Ways to Access Group Wisdom in the Workplace.* New Society Publishers.

Stoltzfus, T. (2013). *Coaching Questions: A Coach's Guide to Powerful Asking Skills.* Coach22 Bookstore LLC.

Sutherland, J. (2014). *Definition of Done.* Obtenido de Scrum Inc.: https://www.scruminc.com/definition-of-done/

Sutherland, J. (2014). *Definition Of Ready.* Obtenido de Scrum Inc.: http://www.scruminc.com/definition-of-ready/

Ulwick, A. (2005). *What Customers Want.* McGraw-Hill Education.

Wake, B. (17 de Agosto de 2003). *INVEST in good stories and SMART tasks.* Obtenido de XP123: Exploring Extreme Programming: http://xp123.com/articles/invest-in-good-stories-and-smart-tasks/

Whitworth, L. (2007). *Co-Active Coaching: New skills for coaching People Toward Success in Work and Life.* Davies - Black.

Wolk, L. (2003). *Coaching - El arte de soplar brasas.*

NOTAS

1. Introducción

1. http://www.scrumalliance.org
2. https://www.icagile.com/files/2014.AgileCoaching.pdf
3. http://www.agilecoachinginstitute.com/coaching-courses-industry-certifications/
4. https://agilecoachingpath.com

4. Escucha

1. Echeverría. R. ONTOLOGÍA DEL LENGUAJE, 1994. Editorial Granica.
2. Alaimo, M., Facilitador de Equipos Ágiles: el camino de un coach hacia la agilidad empresarial [Chief Agility Officer]. Volumen 1. Editorial Dunken. 2016
3. Alaimo, M. op. cit.

7. Coordinación

1. El nombre y rubro de la empresa fueron cambiados.
2. Los autores utilizan la palabra *accountability*, que significa rendición de cuentas. Personalmente yo no estoy de acuerdo con ese enfoque, que en definitiva sigue buscando un culpable. Prefiero entenderlo como responsibility (*responsabilidad*).
3. Lencioni, P., *The Advantage: Why Organizational Health Trumps Everything Else in Business*, Jossey-Bass 2012
4. propuesto por Fred Kofman en su libro Metamanagement.

8. Aprendizaje

1. El *análisis-parálisis* es un término tomado de las partidas de juegos de mesa, donde un jugador entra en un estado mental de absoluto colapso a la hora de tomar decisiones en su turno, haciendo eternas las partidas.
2. https://coachfederation.org/core-competencies

14. Agilidad

1. Si no eres el facilitador de la retrospectiva, te aliento a coordinar la agenda y las dinámicas a utilizar junto con el facilitador.
2. Recuerda que al coach de equipos no le corresponde formar o capacitar. En caso de evaluar la necesidad de una formación o capacitación, es importante recurrir a un

profesional que se encargue de facilitar ese espacio para no generar confusiones o falsas expectativas en los equipos.

15. Aprendizaje del Agile Coach Profesional

1. IC Agile – Agile Coaching Track

Made in United States
Orlando, FL
26 January 2022

14027320R00187